초등
기탄

글을 빠르고 바르게 이해하는 학습 프로그램

| 1단계_과학 |

⭐ **독해**가 어렵다고요?

글은 줄줄 잘 읽는데 막상 내용을 물어보면 고개를 갸우뚱하는 우리 아이! 뭐가 문제일까요? 바로 독해력이 부족하기 때문이에요. 독해력은 '글을 읽고 뜻을 이해하는 능력'을 말해요. 글자를 읽기만 하는 게 아니고, 내용을 바르게 이해하여 내 지식으로 만들 수 있는 능력이지요. 독해력이 뛰어나야 국어뿐만 아니라 수학, 과학, 사회, 역사, 예술 등 다른 공부를 할 때도 요점을 쉽게 파악하고 이를 바탕으로 세부 내용까지 이해하여 문제를 풀 수 있어요.

⭐ 〈대단한 독해〉로 시작하세요

초등 기탄 〈대단한 독해〉는 영역별로 다양한 주제의 글을 읽고, 독해의 기초 원리를 적용한 문제를 차근차근 풀이하는 과정을 통해 독해력을 효과적으로 길러 주는 단계별 학습 프로그램이에요. 스스로 학습의 No.1 기탄교육이 만들어, 누구나 쉽고 즐겁게 독해 학습을 시작할 수 있답니다.

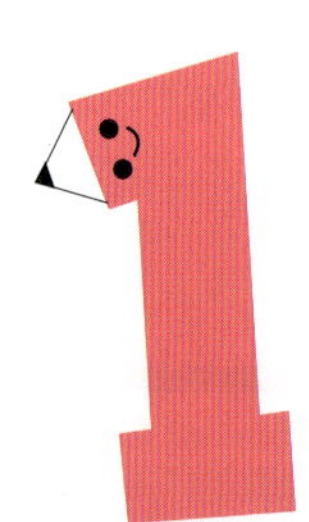

**하루 15분,
즐겁게 휘리릭~!**

처음에는 많이 읽기보다, 한 지문이라도 천천히 읽고 생각해 보며 흥미를 갖는 것이 중요해요. 〈대단한 독해〉는 쉽고도 부담 없는 분량의 지문으로 독해에 대한 재미와 성취감을 끌어올릴 수 있어요.

영역별 구성으로 즐거움 UP

〈대단한 독해〉는 단계별로 인문, 사회, 과학, 예술 · 스포츠 네 가지 영역, 총 4권으로 구성되어 있어요. 영역별 다양한 글을 읽으며 독해에 즐거움을 느낄 수 있지요. 또 교과 학습 과정과 연관된 내용을 통해 과목별 배경지식도 확장할 수 있답니다.

다양한 형태의 글 읽기로 사고력 UP

일기, 동화, 시, 설명문, 논설문, 생활문뿐 아니라 실생활에서 자주 볼 수 있는 안내문, 인터넷 게시판, SNS 등 다양한 형태의 글을 만나 볼 수 있어요. 다채로운 글을 읽으며 사고력과 이해력을 쑥쑥 키울 수 있어요.

낱말 풀이와 퀴즈로 어휘와 맞춤법까지 꼼꼼하게!

글에서 아이들이 어렵게 느낄 수 있는 어휘를 따로 정리해 두었어요. 또 그날 배운 어휘를 재미있는 퀴즈로 풀어 보며 뜻과 다양한 활용을 익힐 수 있지요. 맞춤법도 꼼꼼히 확인할 수 있답니다.

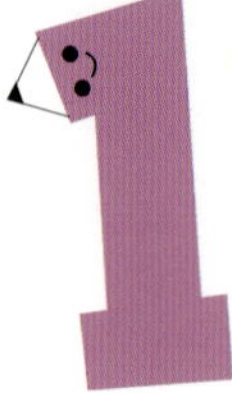

지문 독해 + 핵심 문제

〈대단한 독해〉는 1회당 4쪽씩
총 15회로 이루어져 있어요.
매일 4쪽씩 공부해 보세요.

언제 공부했는지
날짜를 써 보세요.

시와 이야기, 설명문과 논설문 등
다양한 종류의 글과 독해 원리가
표시되어 있어요.

독해 원리에 꼭 맞는 대표 유형
문제들은 왕관으로 표시했으니
주의하여 풀어 보세요.

공부한 날

1회

우화 누가 무엇을 했는지 알기

은혜 갚은 독수리

일을 하고 돌아가던 농부가 그물에 걸린 독수리를 보았어요.
"저런, 꼼짝없이 죽게 생겼구나."
농부는 독수리가 *가여웠어요.
"조금만 기다려라."
농부가 그물을 풀어 주자 독수리는 훨훨 날아갔어요.
며칠이 지난 어느 날이었어요.
"어이쿠, 힘들다. 조금만 쉬었다 해야지."
밭에서 일하던 농부는 *근처에 있는 돌담에 *기대앉았어요. 그런
데 갑자기 독수리가 날아오더니 농부의 모자를 휙 *낚아챘어요.
"거기 서라! 거기 서!"
농부는 소리를 지르며 독수리를 쫓아갔어요. 하지만 독수리는 멈
추지 않고 계속 날아갔어요.
'내가 구해 주었는데 은혜도 모르고 모자를 가져가다니!'
그때 뒤에서 *요란한 소리가 났어요. 놀란 농부가 뒤
를 돌아보자 돌담이 와르르 무너져 내렸지요.
㉠'독수리가 나를 구하려고 모자를 채서 날아갔구나.
독수리가 아니었다면 나는 돌담에 깔렸을 거야.'
그때 독수리가 농부의 모자를 땅 위에 툭 떨어뜨
려 주었어요. 농부는 독수리에게 고맙다며 인사를
했답니다.

이솝, 「은혜 갚은 독수리」

어떻게 읽을까?
이야기에 어떤 인물이 나
오는지, 그 인물이 한 일
은 무엇인지 살피면서 읽
어 봐.

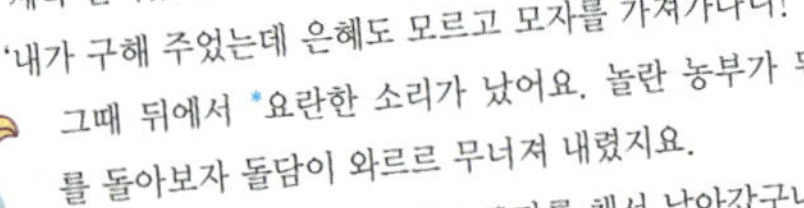

* **가여웠어요:** 마음이 아플 정도로 불쌍하고 딱했어요.
* **근처:** 가까운 곳.
* **기대앉았어요:** 벽 등에 몸을 의지하여 비스듬히 앉았어요.
* **낚아챘어요:** 남의 물건을 재빨리 빼앗거나 가로챘어요.
* **요란한:** 시끄럽고 떠들썩한.

8

내용 이해
1 이 글에 나오는 인물은 누구와 누구인지 빈칸에 쓰세요.

☐☐ 와 ☐☐☐

내용 이해
2 이 글에서 농부가 한 일은 무엇인가요? (　　　)

① 그물로 독수리를 잡았다.　　② 모자를 낚아채 달아났다.
③ 모자를 땅 위에 떨어뜨렸다.　④ 돌을 쌓아 담을 만들었다.
⑤ 그물을 풀어 독수리를 구했다.

추론하기
3 ㉠에서 짐작할 수 있는 농부의 마음에 ○표 하세요.

슬픈 마음	고마운 마음	부끄러운 마음
(1) (　　)	(2) (　　)	(3) (

비판하기
4 독수리의 행동에 대해 알맞게 말한 친구에게 ○표 하세요.

'어떻게 읽을까'는 글을 읽어 나가는
방향을 알려 주는 길잡이예요. 글을
읽기 전에 먼저 살펴 두세요.

어려운 낱말은 낱말 풀이에 정리해
두었어요. 낱말의 뜻을 알아보며
읽어 보세요.

2 짧은 지문 독해 + 어휘력 퀴즈

독해 원리와 관련 있는 지문을
다시 한번 공부해요.

지문에 나온 낱말의 뜻과 쓰임,
어휘, 맞춤법을 퀴즈로 풀어 봐요.

[5~6] 다음을 읽고 물음에 답하세요.

*무더운 여름날이었어요. 물을 마시려던 개미가 발을 *헛디뎌 물에 빠지고 말았어요.

"앗, 살려 주세요!"

그때 마침 나무에 앉아 있던 비둘기가 그 모습을 보았어요. 비둘기는 ㉠*재빠르게 나뭇잎을 따서 개미에게 던져 주었어요.

"개미야, 어서 그 나뭇잎을 잡아!"

개미는 온 힘을 다해 나뭇잎을 잡고 땅 위로 올라왔어요.

"비둘기야, 고마워. 네 덕분에 목숨을 구했어."

이솝, 「개미와 비둘기」

* 무더운: 찌든 듯 견디기 어렵게 더운.
* 헛디뎌: 발을 잘못 디뎌.
* 재빠르게: 움직임이 아주 빠르게.

어휘 알기

5 ㉠과 뜻이 반대되는 낱말은 무엇인가요? (   )

① 날쌔게
② 잽싸게
③ 날래게
④ 느리게
⑤ 신속하게

내용 이해

6 다음과 같은 행동을 한 인물을 골라 ○표 하세요.

여름날에 물을 마시려고 했다.	나뭇잎을 따서 던져 주었다.	나뭇잎을 잡고 땅 위로 올라왔다.
(1) (개미 / 비둘기)	(2) (개미 / 비둘기)	(3) (개미 / 비둘기)

10

☆ 어휘력 팡팡

1 다음 뜻에 알맞은 낱말을 선으로 이으세요.

(1) 시끄럽고 떠들썩하다.

(2) 찌는 듯 견디기 어렵게 덥다.

(3) 남의 물건을 빼앗거나 가...

㉮ 무덥다

㉯ 요란하다

㉰ 낚아채다

2 보기 처럼 나머지 셋을 포함하는 낱말에 색칠하세요.

보기	감나무	밤나무	벚나무	나무
(1)	개미	나비	곤충	벌
(2)	독수리	비둘기	까치	새
(3)	농부	직업	가수	의사

오늘 학습은 어땠나요? ☑해 보세요.   쉬움 ☐   보통 ☐   어려움 ☐

앞서 배운 독해 원리를
대표 유형 문제로 반복해서
연습해요.

오늘의 공부를 마친 뒤에는
독해 학습이 어땠는지
스스로 평가해요.

 6가지 독해 문제 유형

내용 이해

글에 나타난 정보나 사실 등을 이해하고 확인하는 문제 유형이에요. 글의 제목이나 중심 문장을 찾아보거나, 글쓴이의 의견과 까닭, 이야기 속에서 일어난 일을 찾는 문제가 주로 나와요. 글을 전체적으로 빠르게 훑어 보고, 문제와 관련 있는 부분은 좀 더 주의를 기울여 읽으면서 글의 내용을 파악해 보세요.

구조 알기

글의 짜임을 파악하고 중요한 내용을 간추려 보는 문제 유형이에요. 각 문단의 내용을 파악해 전체 글의 구조를 이해하는 문제나 일이 일어난 차례를 알아보는 문제가 주로 나와요. 글을 읽을 때 간단한 그림이나 표로 정리해 보면, 대상을 비교하거나 글의 흐름을 파악하는 데 도움이 될 수 있어요.

추론 하기

글의 내용을 바탕으로 글에 숨겨진 정보나 의미를 유추해 보는 문제 유형이에요. 생략된 내용을 추측하거나, 이야기 속 인물의 말과 행동을 통해 생각이나 성격을 짐작하는 문제가 주로 나와요. 글의 전체 내용을 이해하고, 앞뒤 문장이나 중심 낱말을 중점적으로 살펴보며 문제를 해결할 단서를 찾아보세요.

비판 하기

글에 나오는 의견과 근거가 올바른지 판단하고 평가하는 문제 유형이에요. 글쓴이의 생각과 그 까닭이 타당한지 살펴보거나, 이야기 속 인물의 생각과 내 생각을 비교해 보는 문제가 주로 나와요. 글쓴이나 인물의 의견이 한쪽으로 치우치지 않는지, 까닭은 의견을 잘 뒷받침하고 있는지 꼼꼼하게 따져 보세요.

문제 해결

글의 내용을 실제 생활에 적용해 보는 문제 유형이에요. 글쓴이가 겪은 일과 비슷한 경험을 찾는 문제가 주로 나와요. 글쓴이의 생각이나 이야기 속 인물의 마음이 잘 드러난 부분을 읽으며 자신의 경험을 떠올려 보거나, 다른 사람의 입장에 비추어 보는 과정을 통해 문제 상황을 이해하고 해결 방안을 찾을 수 있어요.

어휘 알기

글을 읽으며 낱말을 살펴보고, 낱말의 정확한 뜻과 형태를 알아보는 문제 유형이에요. 낱말과 관용어, 속담의 의미를 물어보거나 비슷한말과 반대말 등 낱말 사이의 관계에 관한 문제가 주로 나오지요. 낱말의 올바른 뜻과 맞춤법을 익히는 것은 글을 빠르고 정확하게 이해하기 위한 기본 원리랍니다.

1단계 (초등 1~2학년)_과학

겨울이 다가오면 나무는 왜 잎을 떨굴까요?

어떻게 읽을까?
글에서 나무에 대해 어떤 점을 새롭게 알게 되었는지 생각하며 읽어 봐.

나무는 여름내 *싱그러운 초록색 잎사귀를 뽐내다가 가을이 오면 나뭇잎을 빨간색이나 노란색, 갈색으로 바꾸어 떨어뜨리기 시작해요. 나무는 겨울이 되기 전에 잎을 모두 떨구어 버린답니다. 왜 나무는 겨울이 다가오면 잎을 떨구는 걸까요?

나무는 잎으로 햇빛을 받아들이고 뿌리로 물을 빨아올려요. 이 햇빛과 물을 이용해 잎에서 영양분을 만들지요. 이렇게 스스로 만든 영양분을 씨앗과 열매 등에 *저장하며 나무는 무럭무럭 자라요. 햇빛이 강하게 내리쬐고 비가 많이 내리는 여름은 나무가 살기에 가장 좋은 계절이에요.

*반면 겨울은 나무가 살기 힘든 때예요. 햇빛이 줄어들고 비도 적게 내려 영양분을 제대로 만들 수 없거든요. 게다가 물이 ㉠부족한 겨울에 잎을 달고 있으면 잎에서 많은 물이 *증발해 나무가 죽을 수도 있어요.

그래서 나무는 날씨가 쌀쌀해지는 가을부터 잎을 떨어뜨려 추운 겨울을 *대비해요. 초록색이었던 나뭇잎을 울긋불긋하게 물들이고 바람에 우수수 떨어지게 만들지요. 이렇게 잎을 떨어뜨린 나무는 ㉡ 을 지낼 준비를 마친 것이랍니다.

* **싱그러운**: 싱싱하고 맑은 향기가 있어 좋은.
* **저장하며**: 먹을거리 또는 물건 등을 어느 곳에 넣어 두며.
* **반면**: 앞의 사실과는 반대로.
* **증발해**: 물과 같은 액체가 기체로 바뀌어서 날아가.
* **대비해요**: 앞날을 미리 헤아려 준비해요.

1 겨울에 볼 수 있는 나무의 모습에 ○표 하세요.

(1) (　　　　　)　　(2) (　　　　　)　　(3) (　　　　　)　　(4) (　　　　　)

2 이 글에서 새롭게 알게 된 점을 알맞게 말하지 <u>못한</u> 친구의 이름을 쓰세요.

> 민준: 낙엽이 나무의 겨울나기 준비라는 것을 알았어.
>
> 시아: 나무가 영양분을 만들 때 물이 필요 없다는 것을 알게 되었어.
>
> 동현: 잎을 통해서 많은 물이 증발하면 나무가 죽을 수도 있다는 것을 알게 되었어.

(　　　　　　　　　)

3 ㉠과 바꾸어 쓸 수 있는 낱말은 무엇인가요? (　　　　)

① 넉넉한　　　　　② 충분한　　　　　③ 모자란

④ 풍족한　　　　　⑤ 풍부한

4 ㉡에 들어갈 알맞은 낱말에 ○표 하세요.

봄　　　　여름　　　　가을　　　　겨울

9

많은 나무가 겨울이 다가오면 잎을 떨구지만, 모든 나무가 그런 것은 아니에요. 소나무와 잣나무 등은 겨울에도 푸른 잎을 달고 있지요. 이렇게 *사계절 내내 푸른 잎을 달고 있는 나무들을 *통틀어 '상록수'라고 불러요. 상록수는 대부분 잎이 바늘처럼 가늘고 뾰족해서 잎을 통해 증발하는 물의 양이 많지 않아요. 그래서 추운 겨울에도 잎을 떨구지 않고 겨울을 보낼 수 있어요.

* **사계절**: 봄, 여름, 가을, 겨울의 네 계절.
* **통틀어**: 하나도 남김없이 모두 합하거나 한데 묶어.

비판하기

5 이 글에서 새롭게 알게 된 점을 알맞게 말한 친구의 이름을 쓰세요.

현서: 사계절 내내 푸른 잎을 달고 있는 나무들을 상록수라고 부른다는 것을 알았어.

성윤: 소나무와 잣나무는 가을이 아니라 겨울에 푸른 잎을 모두 떨군다는 것을 알았어.

(   )

추론하기

6 이 글을 읽고 상록수의 잎을 그린 그림에 ○표 하세요.

(1) (   )   (2) (   )   (3) (   )

1 낱말에 이어진 길을 따라가서 낱말의 뜻을 찾으세요.

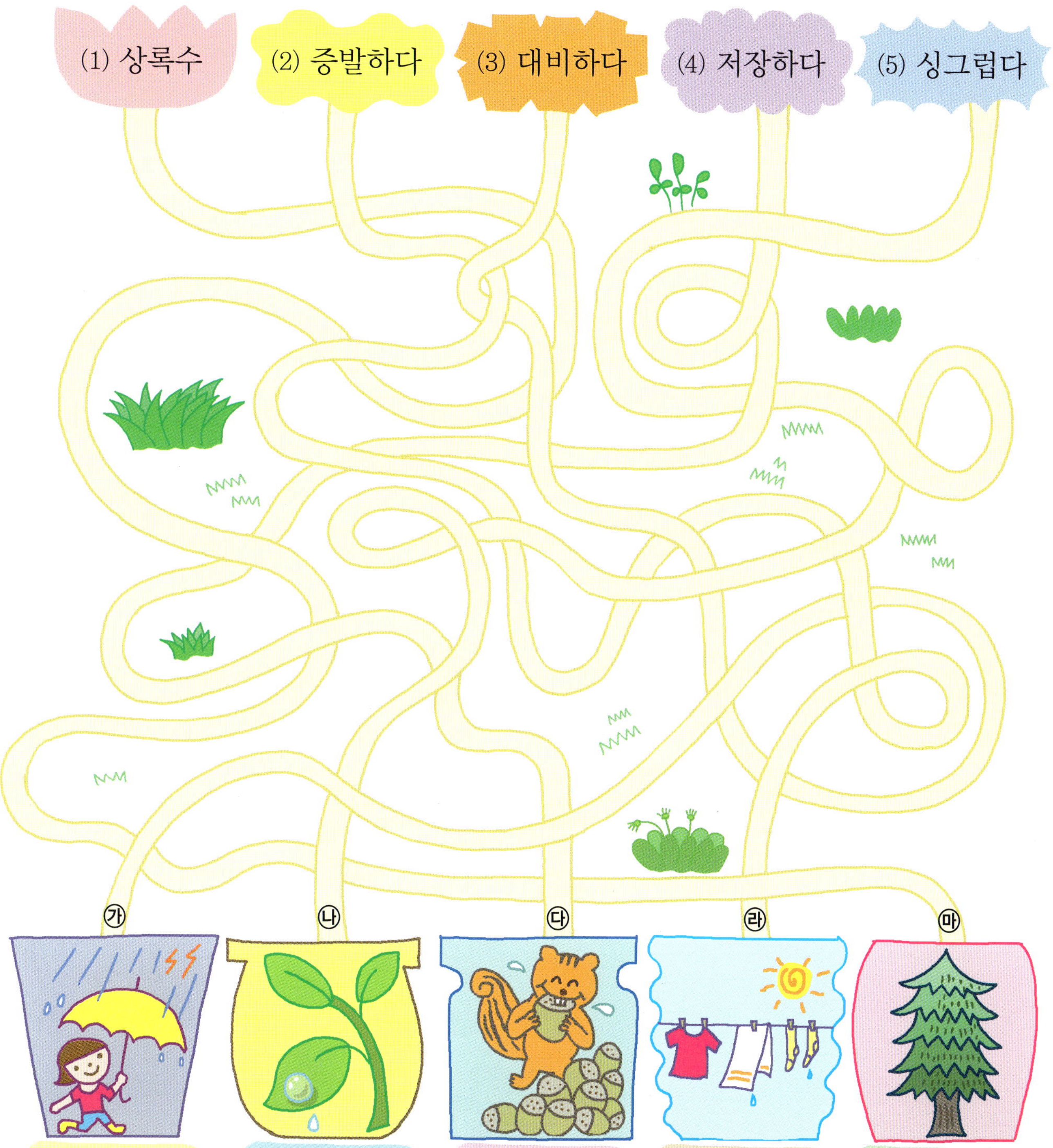

(1) 상록수 (2) 증발하다 (3) 대비하다 (4) 저장하다 (5) 싱그럽다

㉮ 앞날을 미리 헤아려 준비하다.

㉯ 싱싱하고 맑은 향기가 있어 좋다.

㉰ 먹을거리 또는 물건 등을 어느 곳에 넣어 두다.

㉱ 물과 같은 액체가 기체로 바뀌어서 날아가다.

㉲ 사계절 내내 푸른 잎을 달고 있는 나무를 이름.

아롱다롱 나비야

목일신

*아롱다롱 나비야
㉠아롱다롱 꽃밭에
㉡나풀나풀 오너라.
붉은 꽃이 웃는다.
노랑 꽃이 웃는다.
*앞뜰 위에 홀로 핀
*복사꽃이 웃는다.
너를 보고 웃는다.

아롱다롱 나비야
아롱다롱 꽃 위에
㉢사뿐사뿐 앉아라.
*송이송이 꽃 속에
고이고이 잠들어
붉은 꿈을 꾸어라.
노랑 꿈을 꾸어라.
*오색 꿈을 꾸어라.

* **아롱다롱**: 여러 빛깔의 점이나 줄 등이 고르지 않고 촘촘하게 무늬를 이룬 모양.
* **앞뜰**: 집 앞에 있는 뜰.
* **복사꽃**: 복숭아꽃.
* **송이송이**: 여럿 있는 송이마다 모두.
* **오색**: 여러 가지 빛깔.

1 이 시의 글감으로 알맞은 것은 무엇인가요? (   )

① 꿈　　　　　② 앞뜰　　　　　③ 나비

④ 복사꽃　　　⑤ 잠자리

2 이 시에서 반복해서 쓰인 낱말을 <u>두 개</u> 고르세요. (,   )

① 오너라　　　② 웃는다　　　③ 앉아라

④ 잠들어　　　⑤ 꾸어라

3 ㉠에서 떠올린 꽃밭의 모습에 ○표 하세요.

(1) (　　　　　)　　　(2) (　　　　　)　　　(3) (　　　　　)

4 ㉡과 바꾸어 쓸 수 있는 낱말에 ○표 하세요.

쌩쌩　　　　엉금엉금　　　　팔랑팔랑　　　　주렁주렁

5 이 시의 내용으로 알맞지 <u>않은</u> 것은 무엇인가요? (   )

① 말하는 이는 나비에게 잠이 들라고 했다.
② 말하는 이는 나비에게 꽃밭으로 오라고 했다.
③ 말하는 이는 나비에게 꽃 위에 앉으라고 했다.
④ 말하는 이는 나비에게 오색 꿈을 꾸라고 했다.
⑤ 말하는 이는 나비에게 꽃에 앉아 꿀을 먹으라고 했다.

6 ㉢의 뜻으로 알맞은 것에 ○표 하세요.

나비가 내는 작은 소리를 나타내는 말.	매우 가볍게 잇따라 움직이는 모양을 나타내는 말.	몸집이 커다란 동물이 느리게 움직이는 모양을 나타내는 말.
(1) ( )	(2) ( )	(3) ( )

7 이 시에 대한 생각이나 느낌을 알맞게 말하지 <u>못한</u> 친구에게 ○표 하세요.

1 ( ) 안에 들어갈 알맞은 낱말을 [보기]에서 찾아 쓰세요.

> [보기] 깡충깡충   보글보글   나풀나풀   달그락달그락

(1) 머리카락이 바람에 ( ) 날려요.

(2) 토끼가 풀밭을 ( ) 뛰어 가요.

(3) 찌개가 냄비에서 ( ) 끓어요.

(4) 엄마가 부엌에서 ( ) 설거지해요.

2 밑줄 친 낱말의 느낌을 비교하여 ○ 안에 >, <를 쓰세요.

(1) 창문에 빗물이 줄줄 흘렀어요.   ○   시냇물이 졸졸 흐르는 소리가 들렸어요.

(2) 밤하늘에 별이 반짝반짝 빛나요.   ○   아빠 구두가 번쩍번쩍 윤이 나요.

오늘 학습은 어땠나요? ☑해 보세요.   쉬움☐   보통☐   어려움☐

하아암, 하품만 하면 눈물이?

슬프면 주르르 눈물이 나. 가끔은 몹시 기쁠 때도 눈물이 나지. 그런데 슬프거나 기쁘지 않은데 눈물이 날 때가 있어. '하암!' 하고 하품을 하면 눈물이 찔끔 나오는 거야. 왜 하품을 하면 눈물이 날까?

눈물은 *눈꺼풀 안쪽에 있는 눈물샘에서 생겨나. 우리가 눈을 깜빡일 때마다 눈꺼풀에 묻어서 눈동자를 *촉촉하게 적셔 주지. 눈물은 눈동자의 겉면에 묻은 먼지를 씻어 주고, 눈으로 들어온 *세균을 없애 주기도 해. 그러고는 눈과 코 사이에 있는 눈물주머니에 모였다가 콧속으로 흘러 들어가. 놀랍게도 눈에는 늘 눈물이 조금씩 흐르고 있는 거란다.

우리가 하품을 할 때는 입을 쩍 벌리면서 얼굴 *근육을 움직여. 이때 얼굴 근육이 눈물주머니를 눌러 눈물주머니 안에 고여 있던 눈물이 밖으로 흘러나오는 거야. 하품을 *연거푸 하면, 처음에는 눈물이 많이 나오지만 두 번째부터는 눈물이 별로 나오지 않아. ㉠ 눈물주머니에 눈물이 고이는 데 시간이 걸리기 때문이지.

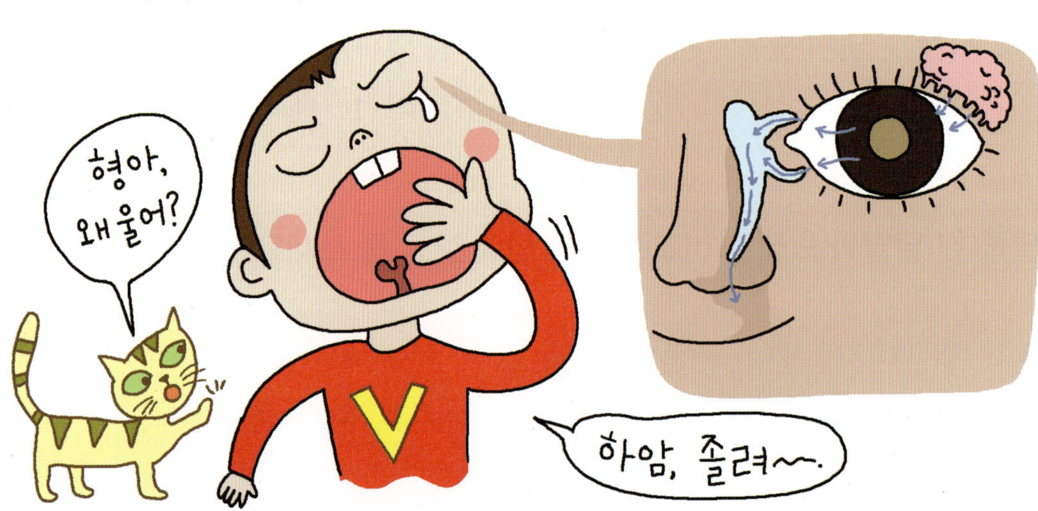

＊ **눈꺼풀**: 눈을 덮어 주는 얇은 피부.
＊ **촉촉하게**: 물기가 있어 조금 젖은 듯하게.
＊ **세균**: 사람들을 병에 걸리게 하거나 음식을 썩게 하는 아주 작은 생물.
＊ **근육**: 사람이나 동물의 몸을 움직이게 하는 힘줄과 살.
＊ **연거푸**: 잇따라 여러 번 되풀이하여.

내용 이해

1 이 글에서 설명하는 것은 무엇인가요? (   )

① 하품이 나오는 까닭

② 슬프면 눈물이 나는 까닭

③ 기쁠 때 눈물이 나는 까닭

④ 하품을 하면 눈물이 나오는 까닭

⑤ 하품을 할 때 얼굴 근육이 움직이는 까닭

내용 이해

2 이 글의 내용으로 알맞으면 ○표, 알맞지 <u>않으면</u> ✕표 하세요.

⑴ 눈에는 늘 눈물이 조금씩 흐르고 있다.   (   )

⑵ 눈물은 먼지를 씻어 주지만, 세균을 없애지는 못한다.   (   )

⑶ 눈을 깜빡일 때마다 눈물이 눈동자를 촉촉하게 적셔 준다.   (   )

추론하기

3 ㉠에 들어갈 알맞은 낱말에 ○표 하세요.

| 만약 | 그리고 | 그래서 | 왜냐하면 |

구조 알기

4 다음은 이 글의 내용을 간추린 것이에요. 빈칸에 들어갈 알맞은 낱말을 쓰세요.

하품을 하면 눈물이 나는 까닭은 입을 벌릴 때 얼굴 [   ][   ]이 눈물주머니를 눌러 그 안에 고여 있던 [   ][   ]이 밖으로 흘러나오기 때문이다.

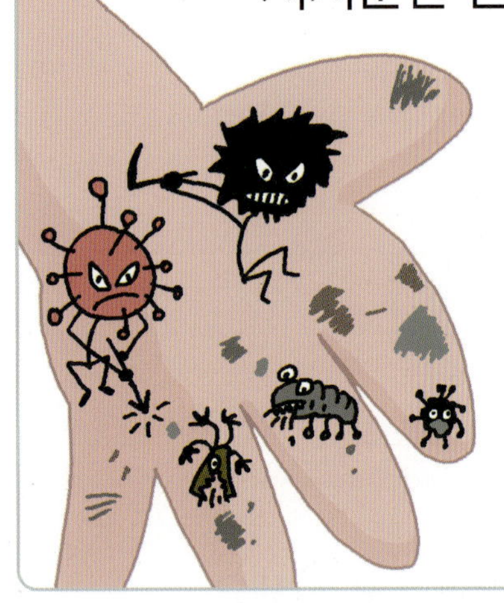

* **흙장난**: 흙을 가지고 노는 장난.
* **병균**: 병을 일으키는 원인이 되는 균.
* **비비면**: 맞대어 문지르면.

내용 이해

5 이 글에 나타난 글쓴이의 생각을 알맞게 말한 친구 이름을 쓰세요.

> 연아: 지저분한 손으로 눈을 비비지 말라는 거야.
>
> 지민: 여럿이 함께 쓰는 물건은 절대 만지면 안 된다는 거야.

(   )

문제 해결

6 이 글을 읽고 알맞게 행동한 친구에게 ○표 하세요.

(1) 화장실을 다녀왔지만 손이 깨끗해 보여서 안 씻었어.

(2) 여럿이 사용하는 화장실 손잡이를 만졌으니까 손을 깨끗하게 씻어야지.

1 첫소리를 참고해 다음 뜻에 알맞은 낱말을 빈칸에 쓰세요.

(1)

ㅎ ㅈ ㄴ
흙을 가지고 노는 장난.

ㄱ ㄱ ㄱ

(2)

ㄴ ㄲ ㅍ
눈을 덮어 주는 얇은 피부.

ㄱ ㄱ ㄱ

(3)

ㄱ ㅇ
사람이나 동물의 몸을
움직이게 하는 힘줄과 살.

ㄱ ㄱ

2 빈칸에 들어갈 알맞은 낱말을 선으로 이으세요.

(1) 빵을 흰 우유에 [   ] 적셔 먹었다. •　　　• ㉮ 주르르

(2) 잠꾸러기 동생은 한낮이 되어서야 손으로 눈을 [   ] 일어났다. •　　　• ㉯ 비비며

(3) 컵이 넘어지면서 안에 가득히 담겨 있던 물이 식탁 아래로 [   ] 흘러내렸다. •　　　• ㉰ 촉촉하게

오늘 학습은 어땠나요? ✔해 보세요.　　쉬움 ☐　　보통 ☐　　어려움 ☐

4회

설명문 대상의 같은 점과 다른 점 알기

우리를 구별할 수 있나요?

숲속을 폴짝폴짝 뛰어다니고 나무를 쪼르르 오르내리는 귀여운 동물 친구들이 있어요. 바로 다람쥐와 청설모예요. 지금부터 다람쥐와 청설모에 대해 알아보아요.

다람쥐와 청설모는 둘 다 털이 북슬북슬한 긴 꼬리를 갖고 있어요. 나무를 잘 타는데, 이때 꼬리로 *균형을 잡지요. 다람쥐와 청설모는 주로 딱딱한 나무 열매를 먹고 살아요. 앞발을 손처럼 이용해서 먹이를 꽉 움켜쥐고 튼튼한 이빨로 갉아 먹는답니다.

어떻게 읽을까?

다람쥐와 청설모의 같은 점과 다른 점이 무엇인지 정리하며 읽어 봐.

이처럼 둘은 닮은 점이 많지만 다른 점도 많아요. 청설모는 다람쥐보다 몸집이 조금 더 커요. 다람쥐는 *몸빛이 갈색이고 등과 꼬리에 검은 줄무늬가 있어요. 청설모는 몸빛이 짙은 회갈색이고 줄무늬가 없지요. 또, 다람쥐는 양쪽 볼에 먹이를 저장하는 볼주머니가 있지만, 청설모는 볼주머니가 없어요. 그래서 다람쥐는 볼주머니에 먹이를 넣어 나르고, 청설모는 입으로 물어서 옮기지요.

다른 점은 또 있어요. 다람쥐는 땅속에 굴을 파서 살지만 청설모는 나무 구멍 속이나 나뭇가지 위에 둥그런 집을 짓고 살아요. 추운 겨울이 되면 다람쥐는 *겨울잠을 자고, 청설모는 겨울잠을 자지 않고 겨울을 보내지요.

▲다람쥐

▲청설모

* **균형**: 어느 한쪽으로 기울거나 치우치지 않고 고른 상태.
* **몸빛**: 몸의 겉으로 드러나는 빛깔.
* **겨울잠**: 동물이 활동을 중단하고 땅속이나 물속 등에서 겨울을 나는 일.

1 이 글에서 설명하는 것은 무엇인지 쓰세요.

　　　□□□ 와 □□□

2 다음 뜻에 알맞은 낱말을 보기 에서 찾아 쓰세요.

| 보기 | 쪼르르 | 폴짝폴짝 | 북슬북슬 |

(1) 털이 많아서 매우 탐스러운 모양.　　　　　(　　　　　)

(2) 작은 것이 비탈진 곳을 빠르게 내려오는 모양.　　（　　　　　)

(3) 작은 것이 자꾸 세차고 가볍게 뛰어오르는 모양.　（　　　　　)

3 다람쥐와 청설모의 같은 점이 <u>아닌</u> 것은 무엇인가요? (　　　　)

① 나무를 잘 탄다.

② 몸의 크기가 똑같다.

③ 앞발로 먹이를 움켜쥘 수 있다.

④ 주로 딱딱한 나무 열매를 먹는다.

⑤ 털이 북슬북슬한 긴 꼬리를 갖고 있다.

4 이 글에 대해 알맞게 말한 친구에게 ○표 하세요.

(1) 다람쥐의 몸에 줄무늬가 있는 까닭을 자세히 알려 주고 있어.

(2) 다람쥐와 청설모가 어떤 점이 같고 다른지 비교하여 설명하고 있어.

[5~6] 다음을 읽고 물음에 답하세요.

수달과 해달도 다람쥐와 청설모처럼 같은 점과 다른 점이 많아요. 수달과 해달은 둘 다 물을 좋아해요. 발에 *물갈퀴가 달려 있어서 헤엄도 잘 치지요. 둘은 누가 누구인지 구별하기 어려울 정도로 생김새가 *똑 닮았답니다.

하지만 몸집은 해달이 수달보다 두 배 정도 커요. ㉠수달은주로강에서살고,해달은바다에서살지요. *먹잇감과 먹이를 먹는 방법도 달라요. 수달은 물고기나 개구리를 먹고 사는데, 앞발로 먹이를 잡고 먹어요. 조개나 게를 먹고 사는 해달은 배 위에 조개를 올려놓고 돌로 탁탁 쳐서 깨뜨린 다음 살을 꺼내 먹는답니다.

* **물갈퀴**: 오리나 개구리 등의 발가락 사이에 있는 얇은 막.
* **똑**: 조금도 틀림이 없이.
* **먹잇감**: 먹이가 되는 것.

내용 이해

5 그림을 보고 수달과 해달 중 누구의 모습인지 쓰세요.

(1) (   )

(2) (   )

어휘 알기

6 ㉠을 띄어쓰기에 맞게 쓰세요.

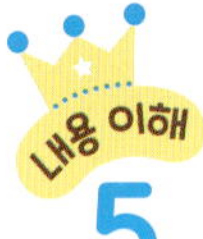

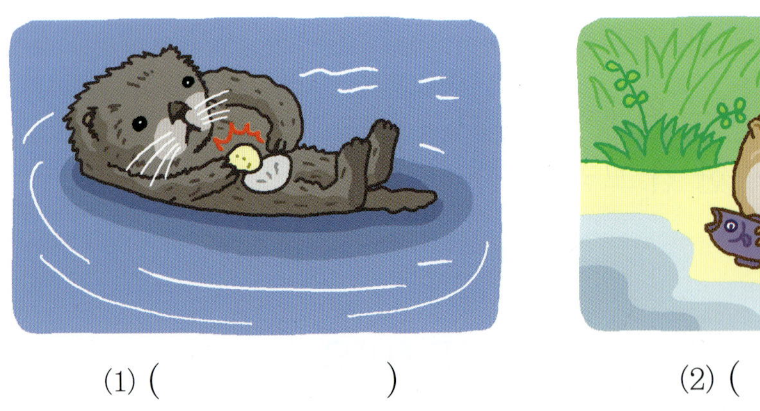

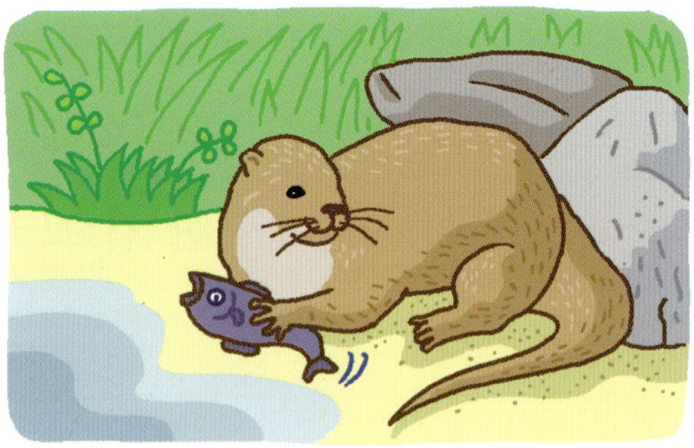

1 낱말 뜻에 알맞은 글자를 빈칸에 쓰세요.

(1) 몸의 겉으로 드러나는 빛깔.

몸 [ ]

(2) 오리나 개구리 등의
발가락 사이에 있는 얇은 막.

물 [ ] 퀴

(3) 어느 한쪽으로 기울거나
치우치지 않고 고른 상태.

균 [ ]

(4) 동물이 활동을 중단하고 땅속이나
물속 등에서 겨울을 나는 일.

겨 울 [ ]

2 보기 처럼 두 낱말이 합쳐져서 만들어진 낱말을 빈칸에 쓰세요.

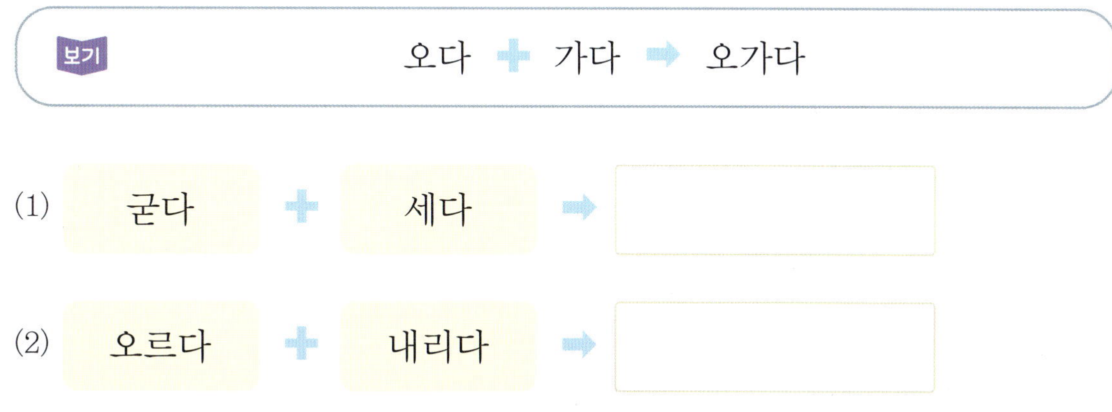

보기   오다 ➕ 가다 ➡ 오가다

(1) 굳다 ➕ 세다 ➡ [ ]

(2) 오르다 ➕ 내리다 ➡ [ ]

오늘 학습은 어땠나요? ✔해 보세요.   쉬움 ☐   보통 ☐   어려움 ☐

양 떼 목장에 다녀와서

오늘 양을 기르는 양 떼 목장에 다녀왔다. 우리 가족은 ㉠이른 아침에 출발해 강원도를 향해 떠났다. 차창 밖으로 파란 하늘과 초록색 숲이 보여서 기분이 좋았다.

㉡오전 내내 달려 대관령마을 *휴게소에 도착했다. ㉢점심때를 지나 숲길을 걸어 들어가자, 탁 트인 양 떼 목장이 눈앞에 펼쳐졌다. 나는 울타리를 따라 걸으며 양들이 ㉣풀밭에서 *한가롭게 풀을 뜯는 모습을 구경했다. 그 모습이 그림처럼 아름다웠다.

㉤오후 2시쯤에는 양에게 직접 먹이를 주는 *체험장에 갔다. 가까이에서 본 양은 커다랬고 북슬북슬한 털이 무척 많았다. 바구니에서 마른풀을 꺼내 내밀자, 양이 우물우물 받아먹었다. 나는 양이 풀밭의 풀뿐만 아니라 마른풀도 잘 먹는다는 것을 알게 되었다.

먹이 주기 체험을 하고 나서는 주인아저씨가 방목에 대해 설명해 주셨다. 방목은 가축을 자연에 풀어놓고 기르는 것인데, 풀이 *무성한 계절에만 방목한다고 하셨다. 그림책에서 본 양을 실제로 보고 먹이도 줄 수 있어 무척 즐거웠다.

* **휴게소**: 길을 가는 사람들이 잠시 머물러 쉴 수 있도록 마련해 놓은 장소.
* **한가롭게**: 바쁘지 않고 여유가 있게.
* **체험장**: 어떤 일을 몸으로 직접 겪을 수 있도록 마련된 장소.
* **무성한**: 풀이나 나무 등이 자라서 우거져 있는.

1 ㉠~㉤ 중 시간과 관련된 말이 <u>아닌</u> 것은 무엇인가요? (　　　)

① ㉠　　　　② ㉡　　　　③ ㉢　　　　④ ㉣　　　　⑤ ㉤

2 다음 일을 겪었을 때 글쓴이가 생각하거나 느낀 점에 ○표 하세요.

> 양들이 풀밭에서 한가롭게 풀을 뜯어 먹는 모습을 구경했다.

⑴ 그림처럼 아름답다.　　　　　　(　　　　)

⑵ 그림으로 그리고 싶다.　　　　　(　　　　)

⑶ 그림책에서 본 모습과 다르다.　(　　　　)

3 글쓴이가 양 떼 목장에서 알게 된 점을 알맞게 말한 친구의 이름을 쓰세요.

> 윤지: 글쓴이는 양이 풀밭의 풀만 좋아한다는 것을 알게 됐어.
> 민혁: 글쓴이는 방목이 가축을 자연에 풀어놓고 기르는 것을 뜻한다
> 　　　는 것을 알았어.

(　　　　　　　　　　)

4 글쓴이가 겪은 일의 차례에 맞게 숫자를 쓰세요.

먹이 주기 체험장에서 양에게
직접 마른풀을 주었다.

주인아저씨에게 방목에
대한 설명을 들었다.

양들이 풀밭에서 풀을 뜯어
먹는 모습을 구경했다.

⑴ (　　　　)　　　　⑵ (　　　　)　　　　⑶ (　　　　)

[5~6] 다음을 읽고 물음에 답하세요.

양 떼 목장 *관람 안내

*매표 시작: 오전 9시

매표 *마감: 오후 5시

- 양을 방목하는 기간은 5월부터 10월까지입니다. 풀밭에 풀이 없는 겨울철과 풀이 채 자라지 않은 이른 봄에는 양을 방목하지 않습니다.
- 겨울철에 양 떼 목장을 찾으신 분들은 '먹이 주기 체험장'에서 양을 만날 수 있습니다. 또 이곳에서 먹이 주는 체험을 할 수 있습니다.

＊ **관람**: 공연, 영화, 그림, 경기 등을 구경하는 것.
＊ **매표**: 차표나 입장권 등의 표를 팖.
＊ **마감**: 어떤 일을 하도록 정해 놓은 때의 끝.

어휘 알기

5 이 글에 나온 시간과 관련된 낱말을 <u>두 개</u> 고르세요. (　　,　　)

① 5월　　　② 매표　　　③ 목장　　　④ 체험장　　　⑤ 이른 봄

문제 해결

6 이 글을 읽고 양 떼 목장 견학 계획을 알맞게 세운 친구의 이름을 쓰세요.

수아	태형	민주
• **목적**: 양을 방목하는 모습을 보려고. • **날짜**: 9월 5일 • **도착 시간**: 오후 1시	• **목적**: 양들에게 먹이를 주는 체험을 하려고. • **날짜**: 11월 23일 • **도착 시간**: 오후 6시	• **목적**: 방목하는 양을 보고, 먹이도 주려고. • **날짜** : 4월 11일 • **도착 시간**: 오전 10시

(　　　　　　)

1 다음 뜻에 알맞은 낱말을 찾아 양 떼 목장까지 길을 따라가세요.

일회용 밴드의 발명

세상에는 많은 *발명품이 있어. 오랫동안 노력해서 만든 발명품도 있고, *우연히 만들게 된 발명품도 있지. 그리고 사랑하는 사람을 위해서 만든 발명품도 있어. 그게 뭐냐고? 바로 '일회용 밴드'야.

지금으로부터 약 100년 전, 얼 딕슨은 *치료용 반창고를 만드는 회사에 다니며 아내와 행복하게 살고 있었어. 그런데 딕슨의 아내는 요리에 서툴러 자주 손을 다쳤어. 그럴 때면 딕슨은 얼른 상처를 *거즈로 덮고 반창고를 감아 주었지. 그러다 문득 이런 생각이 들었어.

'아내가 혼자 있다가 손을 다치면 어쩌지?'

딕슨은 아내를 위해서 반창고를 적당한 크기로 자른 뒤, 가운데에 거즈 조각을 붙여 두었어. 그런데 오래 두니 거즈에 먼지가 앉고 반창고의 끈끈함이 사라지는 문제가 생겼지. 다시 고민하던 딕슨은 거즈를 얹은 반창고에 빳빳한 천을 붙였다가 사용할 때 쉽게 뗄 수 있게 했어. 이렇게 해서 일회용 밴드를 발명하게 된 거란다.

딕슨은 이 발명품을 자신이 다니던 회사에 소개했어. 이때부터 일회용 밴드는 *대량으로 만들어져서 ㉠날개 돋친 듯 팔렸지. 그리고 지금까지도 많은 사람들에게 사랑받고 있단다.

어떻게 읽을까?
글쓴이가 설명하는 일회용 밴드를 발명하게 된 까닭과 발명 과정을 살피면서 읽어 봐.

* **발명품**: 아직까지 없던 물건을 새로 생각해 만들어 낸 것.
* **우연히**: 어떤 일이 뜻하지 않게 저절로 이루어져.
* **치료용**: 병이나 상처를 잘 다스려 낫게 하는 데 쓰는 것.
* **거즈**: 상처를 치료하는 데 쓰는 얇고 부드러운 천.
* **대량**: 아주 많은 양.

1 이 글의 내용으로 알맞으면 ○표, 알맞지 <u>않으면</u> ×표 하세요.

(1) 딕슨이 일회용 밴드를 발명했다. (   )

(2) 딕슨은 요리를 하다가 손을 자주 다쳤다. (   )

(3) 딕슨은 아내를 위해 반창고에 거즈를 붙여 두었다. (   )

2 딕슨이 만든 일회용 밴드의 특징을 <u>두 개</u> 고르세요. (,   )

① 오래 놔두면 거즈에 먼지가 앉는다.

② 반창고 가운데에 거즈 조각이 붙어 있다.

③ 반창고에 천을 붙여 쉽게 뗄 수 있게 만들었다.

④ 거즈 조각만으로 상처에 잘 달라붙게 만들었다.

⑤ 상처가 난 부분에 구멍을 뚫어 바람이 잘 통하게 만들었다.

3 딕슨이 일회용 밴드를 발명하게 된 까닭은 무엇인지 기호를 쓰세요.

> ㉮ 아내를 사랑하는 마음에서
>
> ㉯ 아픈 사람들을 치료하고 싶어서
>
> ㉰ 회사에서 인정받는 사람이 되고 싶어서

(   )

4 ㉠에 대해 바르게 말한 친구에게 ○표 하세요.

(1) 물건이 빠르게 팔려 나가는 상황을 표현한 말이야.

(2) 물건이 하나도 팔리지 않는 상황을 표현한 말이지.

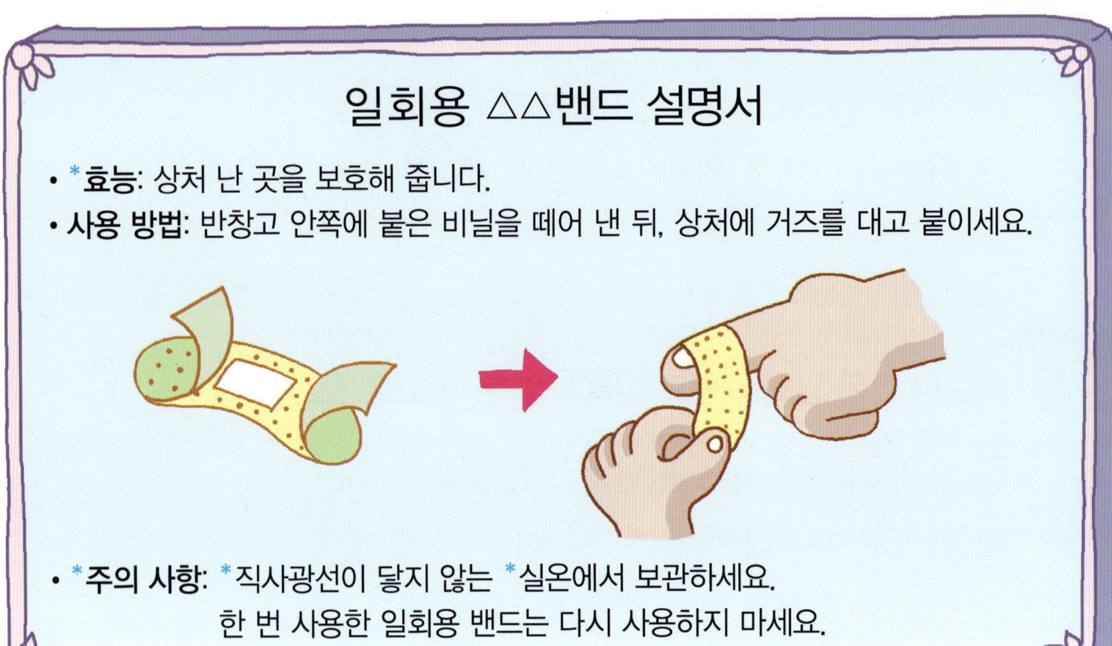

* **효능**: 어떤 작용의 결과를 나타내는 능력.
* **주의 사항**: 마음에 새겨 두고 조심해야 하는 사항.
* **직사광선**: 정면으로 곧게 비치는 빛의 줄기.
* **실온**: 방 안의 온도.

5 이 설명서에서 알 수 있는 것을 <u>두 개</u> 골라 ○표 하세요.

(1) 효능　　　(　　　)　　　(2) 가격　　　(　　　)

(3) 만든 회사　(　　　)　　　(4) 사용 방법　(　　　)

6 '일회용 △△밴드'를 알맞게 사용한 친구의 이름을 쓰세요.

> 준수: 사용한 것을 다음에 또 쓰려고 잘 보관해 두었어.
>
> 하린: 남은 것은 햇빛이 들지 않는 책상 서랍에 넣어 두었어.
>
> 예준: 남은 것은 시원하게 보관하려고 냉동실에 넣어 놓았지.

(　　　　　　　)

1 다음 뜻에 알맞은 낱말을 보기 에서 찾아 길을 따라 만나는 빈칸에 쓰세요.

| 보기 | 효능 | 실온 | 발명품 | 직사광선 |

2 빈칸에 들어갈 알맞은 낱말을 보기 에서 찾아 쓰세요.

| 보기 | 주의 | 대량 | 우연히 |

(1) 공장에서는 기계를 이용해 물건을 [ ]으로 만든다.

(2) 엄마와 시장에 갔다가 [ ] 같은 반 친구를 만났다.

(3) 자전거를 탈 때는 다른 사람과 부딪치지 않도록 [ ] 해야 한다.

7회

전래 동화 인물의 마음 짐작하기

해와 달이 된 오누이

*오누이의 엄마를 잡아먹은 호랑이는 엄마 옷을 입고 어슬렁어슬렁 산을 내려갔어. 오누이가 있는 집으로 가서 엄마인 체하며 방문을 두드렸지.

"얘들아, 엄마 왔다. 문 열어라."

엄마가 돌아오기를 기다리던 누이동생은 냉큼 방문을 열려고 했어. 그런데 오빠가 누이동생을 가로막으며 말했어.

"우리 엄마 목소리가 아니야."

"콜록콜록! 감기에 걸려서 목소리가 변한 거란다."

호랑이는 ㉠능청스럽게 *둘러댔어.

어떻게 읽을까?

이야기 속에서 호랑이를 만난 오누이가 어떤 마음이 들었을지 상상하며 읽어 봐.

(가)

"그럼 우리 엄마인지 아닌지 손을 보여 주세요."

오빠의 말에 호랑이가 문틈으로 앞발을 쑥 들이밀었어.

"엄마 손에 왜 털이 숭숭 나 있지?"

"앗! 엄마가 아니라 호랑이야. 얼른 달아나야 해."

오빠는 누이동생의 손을 잡고 뒷문으로 도망쳤어. 마당에 있는 감나무 위로 올라가 숨었지. 오누이가 방문을 열어 주지 않자, 호랑이는 우당탕 방문을 부수고 들어갔어.

호랑이는 도망친 오누이를 찾기 시작했지.

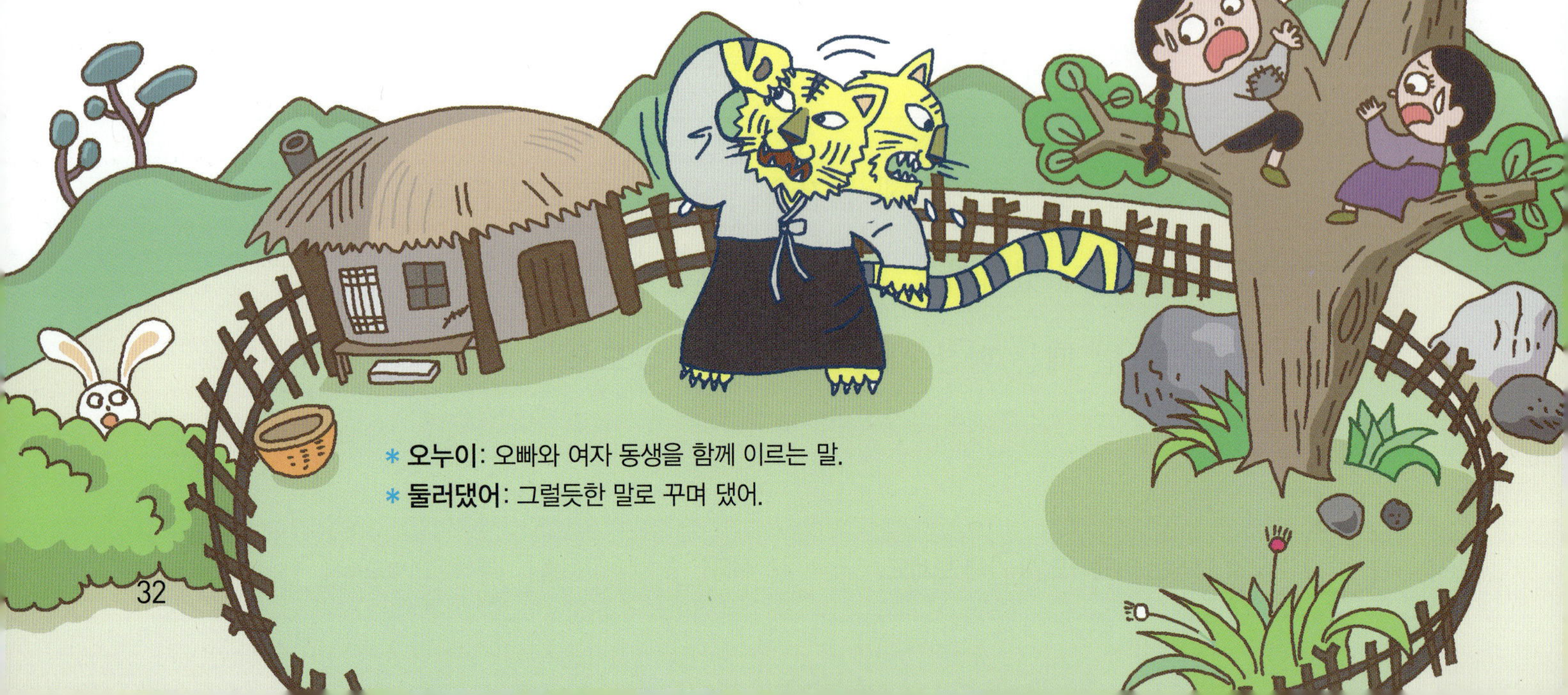

* **오누이**: 오빠와 여자 동생을 함께 이르는 말.

* **둘러댔어**: 그럴듯한 말로 꾸며 댔어.

내용 이해

1 이 글에 나오는 인물을 알맞게 말한 친구에게 ○표 하세요.

(1) 오빠와 호랑이만 나와.

(2) 엄마와 누이동생만 나오지.

(3) 오빠와 누이동생, 그리고 호랑이가 나온단다.

내용 이해

2 이 글의 내용으로 알맞지 <u>않은</u> 것은 무엇인가요? (   )

① 호랑이가 오누이의 엄마를 잡아먹었다.

② 오빠가 호랑이에게 손을 보여 달라고 했다.

③ 호랑이가 엄마 옷을 입고 오누이가 사는 집으로 갔다.

④ 호랑이가 엄마인 체하며 오누이에게 방문을 열라고 했다.

⑤ 오빠가 방문을 열려고 하자, 누이동생이 오빠를 가로막았다.

어휘 알기

3 ㉠의 뜻으로 알맞은 것에 ○표 하세요.

(1) 슬기롭지 못하고 둔하게.   (   )

(2) 거짓이나 꾸밈이 없이 바르게.   (   )

(3) 엉큼한 마음을 숨기고 겉으로는 아무렇지 않은 체하며.   (   )

추론하기

4 ㈎에서 알 수 있는 오빠의 마음은 무엇인가요? (   )

① 화가 난다.   ② 놀라고 무섭다.   ③ 웃기고 신기하다.

④ 외롭고 쓸쓸하다.   ⑤ 즐겁고 재미있다.

[5~6] 다음을 읽고 물음에 답하세요.

> 오누이를 찾은 호랑이가 나무 위를 올려다보며 물었어.
>
> "얘들아, 거기에 어떻게 올라갔니?"
>
> 오빠가 *꾀를 내어 말했어.
>
> "손바닥에 참기름을 바르고 올라왔지."
>
> "옳거니!"
>
> (가) 호랑이는 부엌으로 가서 발에 참기름을 잔뜩 바르고 돌아왔어. 하지만 참기름을 바른 발이 미끄러워서 나무를 기어오를 수 없었어. 쭈르르 미끄러지고 쭈르르 미끄러지다 *엉덩방아를 찧었지. 그 모습을 보고 누이동생이 깔깔 웃었어.

* **꾀**: 일을 잘 꾸며 내거나 해결하기 위한 묘한 생각이나 방법.
* **엉덩방아**: 미끄러지거나 넘어지거나 주저앉아서 바닥에 엉덩이를 부딪치는 것.

5 이 글에 나타난 오빠의 성격은 어떠한가요? (　　　　)

① 거만하다.　　　② 순진하다.　　　③ 지혜롭다.

④ 욕심이 많다.　　⑤ 호기심이 많다.

6 (가)에 나타난 누이동생의 속마음으로 알맞은 것에 ○표 하세요.

'참 어리석은 호랑이네. 미끄러지는 모습이 우습다.'	'오빠의 말을 잘 따르는 것을 보니, 착한 호랑이 같아.'	'호랑이가 금세 나무 위로 올라올 거야. 어떡하면 좋지?'
(1) (　　　)	(2) (　　　)	(3) (　　　)

1 다음 뜻에 알맞은 낱말을 보기에서 찾아 사다리를 타고 내려가 빈칸에 쓰세요.

> 보기   쑥   숭숭   우당탕   어슬렁어슬렁

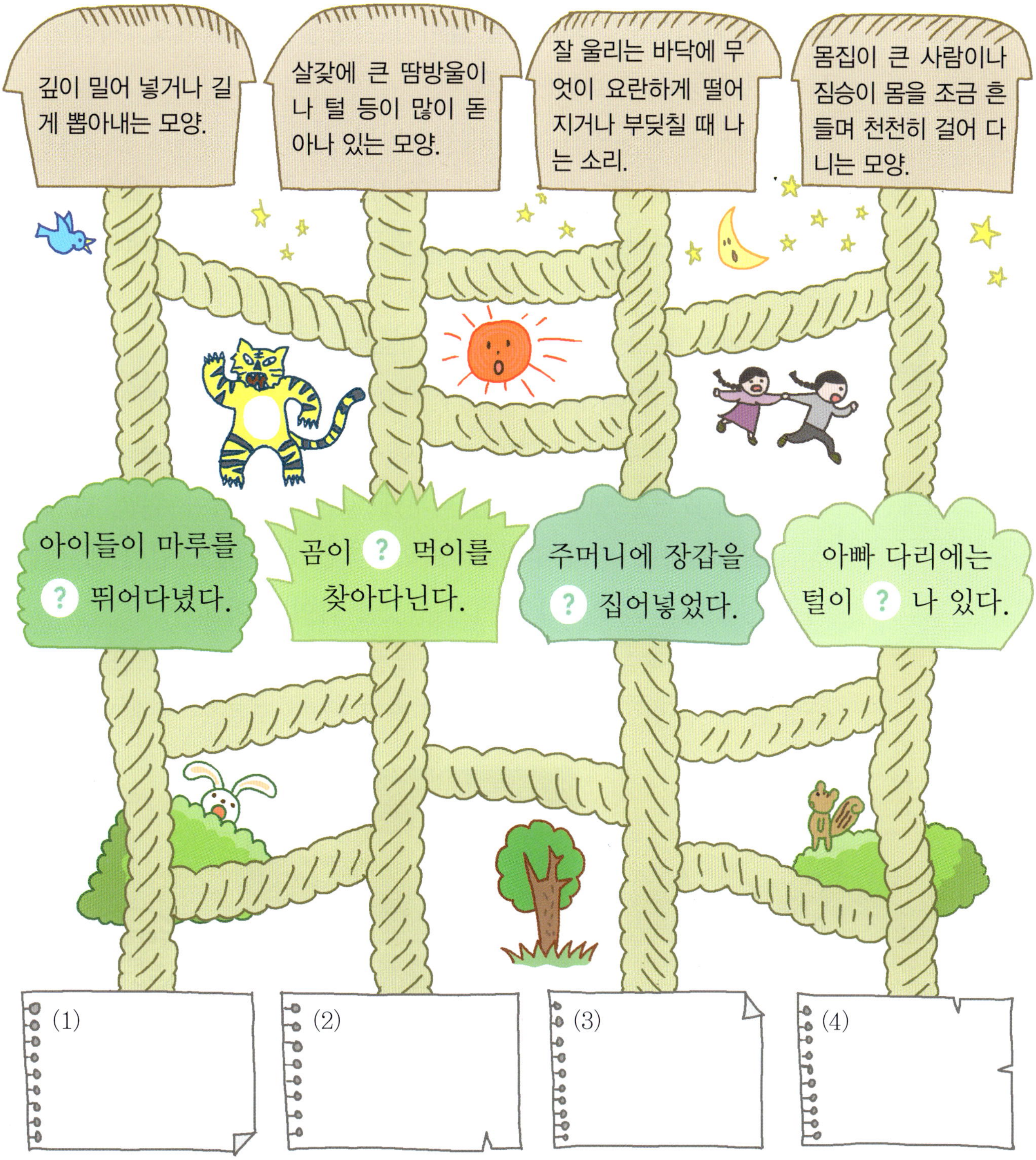

깊이 밀어 넣거나 길게 뽑아내는 모양.

살갗에 큰 땀방울이나 털 등이 많이 돋아나 있는 모양.

잘 울리는 바닥에 무엇이 요란하게 떨어지거나 부딪칠 때 나는 소리.

몸집이 큰 사람이나 짐승이 몸을 조금 흔들며 천천히 걸어 다니는 모양.

아이들이 마루를 ? 뛰어다녔다.

곰이 ? 먹이를 찾아다닌다.

주머니에 장갑을 ? 집어넣었다.

아빠 다리에는 털이 ? 나 있다.

(1)

(2)

(3)

(4)

설명문 내용에 알맞은 제목 붙이기

ⓒ

뜨겁고 메마른 사막은 *생물이 살기 힘든 곳이에요. 그러나 사막의 거친 환경에도 *적응하며 살아가는 동물들이 있어요. 사막여우도 그런 동물들 중 하나이지요.

사막여우는 몸길이가 35~40센티미터 정도로, 전 세계 여우 가운데 몸집이 가장 작아요. 하지만 10~15센티미터나 되는 얇고 큰 귀를 갖고 있답니다. 사막여우는 큰 귀로 몸에 있는 열을 내보내 *체온을 *조절해요. 큰 귀 덕분에 쥐나 도마뱀, 곤충 같은 먹잇감이 움직이는 작은 소리도 잘 들을 수 있지요.

사막은 낮과 밤의 기온 차이가 커요. 낮에는 햇볕이 쨍쨍 내리쬐지만, 밤에는 기온이 뚝 떨어져서 몹시 추워요. 사막여우의 빽빽한 털은 낮에 뜨거운 햇볕이 직접 피부에 닿는 것을 막아 주고, 밤에는 추위로부터 몸을 지켜 주지요. 사막여우는 귓속에도 털이 있는데, 이 털은 귓속으로 모래가 들어가는 것을 막아 주어요.

또한 사막여우는 먹잇감에서 *수분을 얻기 때문에 따로 물을 먹지 않고도 살 수 있어요. 땀도 거의 흘리지 않고, 오줌도 적게 누지요.

어떻게 읽을까?
글의 내용을 가장 잘 드러낼 수 있는 제목이 무엇인지 생각하며 읽어 봐.

▲ 사막여우

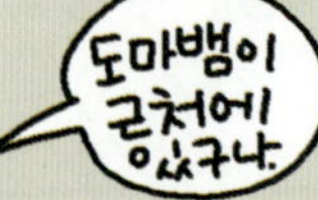

* **생물**: 동물과 식물처럼 생명을 가지고 스스로 살아가는 것.
* **적응하며**: 어떠한 조건이나 환경에 익숙해지거나 알맞게 변화하며.
* **체온**: 동물이 갖고 있는 몸의 온도.
* **조절해요**: 균형이 맞게 바로잡거나 상황에 알맞게 맞추어요.
* **수분**: 축축한 물의 기운.

1 ㉠에 들어갈 제목으로 가장 알맞은 것은 무엇인가요? (   )

① 사막　　　　　　　　　　② 사막여우

③ 북극여우　　　　　　　　④ 사막에서 사는 동물들

⑤ 추위를 이겨 내는 동물들

2 이 글의 내용으로 알맞으면 ○표, 알맞지 <u>않으면</u> ×표 하세요.

(1) 사막여우는 작은 귀를 갖고 있다.　　　　　　　　(　　　)

(2) 사막여우는 여우 가운데 몸집이 가장 작다.　　　　(　　　)

(3) 무더운 사막에 사는 사막여우는 몸에 털이 별로 없다.　(　　　)

(4) 사막여우의 귓속 털은 귓속으로 모래가 들어가는 것을 막아 준다.

(　　　)

3 나머지 낱말을 포함하는 낱말에 ○표 하세요.

| 쥐 | 곤충 | 여우 | 동물 | 도마뱀 |

4 다음은 이 글의 내용을 간추린 것이에요. 빈칸에 들어갈 알맞은 낱말을 쓰세요.

사막여우는 얇고 큰 귀로 □□을 조절하고, 빽빽한 털로 사막의 뜨거운 햇볕과 □□를 막아 낸다. 또, 먹잇감을 통해 □□을 얻으면서 사막의 환경에 적응해 살아간다.

[5~6] 다음을 읽고 물음에 답하세요.

| ㉠ |

- 몸길이: 2.2~3.5미터
- 몸높이: 1.8~2.1미터
- 몸무게: 450~500킬로그램
- *수명: 40년
- 사는 곳: 사막과 *건조한 초원

　쌍봉낙타는 등에 볼록한 혹이 두 개 있는 낙타라서 쌍봉낙타라고 불립니다. 혹에는 지방을 저장해 두는데, 먹이를 먹지 못할 때에는 혹 속의 지방을 영양분으로 바꾸어 사용합니다. 쌍봉낙타는 등에 혹이 하나인 단봉낙타보다 걸음은 느리지만, 더 튼튼하고 힘도 셉니다.

＊ **수명** : 사람이나 동식물이 살아 있는 기간.
＊ **건조한**: 말라서 습기가 없는.

5 ㉠에 들어갈 제목으로 가장 알맞은 것에 ○표 하세요.

혹	단봉낙타	쌍봉낙타
(1) (　　　)	(2) (　　　)	(3) (　　　)

6 쌍봉낙타에 대해 알맞게 말하지 <u>못한</u> 친구의 이름을 쓰세요.

> 민준: 단봉낙타보다 걸음이 빠르지만 힘은 약해.
> 아영: 혹 속의 지방을 영양분으로 바꾸어 사용할 수 있어.

(　　　　　　)

1 가로 열쇠와 세로 열쇠에 알맞은 낱말을 빈칸에 쓰세요.

가로 열쇠

① 축축한 물의 기운.
　예 수박에는 ○○이 많다.
② 말라서 습기가 없음.
　예 겨울에는 ○○해서 산불이 나기 쉽다.

세로 열쇠

① 사람이나 동식물이 살아 있는 기간.
　예 사람의 평균 ○○은 70세가 넘는다.
③ 균형이 맞게 바로잡거나 상황에 알맞게 맞춤.
　예 방 안이 더워서 온도를 ○○해야겠다.
④ 동물이 갖고 있는 몸의 온도.

2 빈칸에 들어갈 알맞은 낱말에 색칠하세요.

(1) 사막여우는 ☐☐☐을 통해 수분을 얻는다.

먹이감　　먹잇감

(2) 사막의 낮에는 뜨거운 ☐☐이 쨍쨍 내리쬔다.

햇볕　　해볕

오늘 학습은 어땠나요? ☑해 보세요.　　쉬움 ☐　　보통 ☐　　어려움 ☐

설명문 대상의 특징 정리하기

곤충은 왜 그렇게 많을까?

나비, 벌, 잠자리, 파리 등 우리 주변만 해도 어마어마하게 많은 곤충이 살고 있어요. 만약 지구에 사는 동물이 100마리라면 그중 80마리가 곤충인 셈이랍니다. 곤충은 왜 그렇게 많을까요?

곤충의 수가 많은 것은 곤충만의 *비법이 있기 때문이에요. 곤충마다 사는 법은 다르지만 몇 가지 비슷한 특징이 있지요.

첫째, 곤충은 몸집이 작아요. 그래서 먹이를 ⊙ 살 수 있고, 몸을 쉽게 숨길 수 있어요.

둘째, 곤충은 대부분 날개로 날 수 있어요. 살기에 알맞은 곳으로 자유롭게 옮겨 가고, 적을 피해 재빨리 도망칠 수도 있지요.

셋째, 곤충은 탈바꿈을 해요. 탈바꿈이란 곤충이 알에서 *어른벌레로 자라는 동안 모습이 바뀌는 것이에요. 곤충 중에는 *애벌레와 어른벌레일 때 서로 다른 곳에서 다른 먹이를 먹으며 사는 곤충이 많아요. 그러니 같은 먹이를 두고 경쟁할 일이 없지요.

마지막으로 곤충은 알을 많이 낳아요. 알을 *워낙 많이 낳으니까 어른벌레로 자라는 곤충도 그만큼 많아지는 것이에요.

덕분에 곤충의 수가 다른 동물에 비해 훨씬 많은 것이랍니다.

* **비법**: 남에게 알려지지 않은 특별한 방법.
* **어른벌레**: 다 자란 곤충.
* **애벌레**: 알에서 나온 후 아직 다 자라지 않은 벌레.
* **워낙**: 두드러지게 아주.

1 이 글에서 설명하는 것은 무엇인가요? (   )

① 곤충의 생김새   ② 곤충의 먹잇감

③ 곤충의 한살이   ④ 곤충의 수가 많은 까닭

⑤ 곤충의 수가 줄어드는 까닭

2 이 글의 내용으로 알맞은 것에 ○표 하세요.

(1) 곤충은 대부분 날 수 없다.   (   )

(2) 곤충은 알을 한 번에 2~3개 낳는다.   (   )

(3) 애벌레와 어른벌레의 먹이가 다른 곤충이 많다.   (   )

3 ㉠에 들어갈 알맞은 말에 ○표 하세요.

먹지 않고도	많이 먹어야	많이 안 먹어도
(1) ( )	(2) ( )	(3) ( )

4 다음은 이 글의 내용을 간추린 것이에요. 빈칸에 들어갈 알맞은 낱말을 쓰세요.

곤충의 수가 많은 까닭은 곤충이 다음 네 가지 특징을 지니고 있기 때문이다. 첫째, 곤충은 □□이 작다. 둘째, 곤충은 대부분 날개로 날 수 있다. 셋째, 곤충은 자라는 동안 모습이 변하는 □□을 한다. 마지막으로 곤충은 □을 많이 낳는다.

많이들 곤충을 '벌레'라고도 불러. 하지만 모든 벌레가 곤충은 아니야. 거미나 지렁이, 전갈 같은 동물도 벌레라고 하거든. 곤충은 몸이 머리, 가슴, 배의 세 부분으로 이루어져 있어. 다리는 여섯 개이고 머리에는 한 *쌍의 *더듬이가 있지. 날개가 없는 곤충도 있지만, *대체로 곤충은 두 쌍의 날개를 갖고 있단다. 이런 특징을 지닌 동물만이 곤충인 거야.

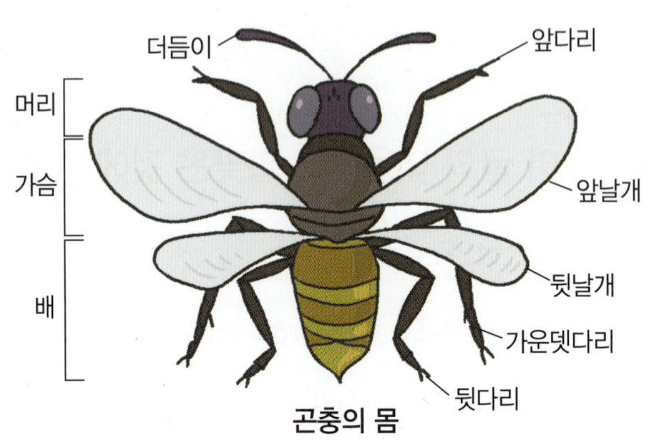

* **쌍**: 둘씩 짝을 이룬 것.
* **더듬이**: 곤충 같은 동물의 머리에 있는 몸의 한 부분.
* **대체로**: 전체로 보아서 또는 일반적으로.

내용 이해

5 이 글의 내용으로 알맞으면 ○표, 알맞지 <u>않으면</u> ✕표 하세요.

(1) 곤충을 벌레라고도 부른다. ( )

(2) 날개가 있는 동물은 모두 곤충에 속한다. ( )

추론하기

6 '거미'에 대해 바르게 말한 친구에게 ○표 하세요.

1 빈칸에 들어갈 알맞은 낱말을 보기에서 찾아 쓰세요.

> 보기   쌍   더듬이   애벌레   어른벌레

2 밑줄 친 낱말과 바꾸어 쓸 수 있는 낱말에 색칠하세요.

(1) 곤충은 <u>대체로</u> 두 쌍의 날개를 갖고 있어요.

> 대개   빠짐없이

(2) 곤충은 알을 <u>워낙</u> 많이 낳아서 어른벌레로 자라는 곤충도 많아요.

> 별로   매우

오늘 학습은 어땠나요? ✓해 보세요.   쉬움 ☐   보통 ☐   어려움 ☐

미안해

오순택

놀이터에서
친구와 놀다가
개미를 *밟았어

나는
미안하다는 말을 못했어

그런데
잠을 자려는데
개미의 모습이 떠올라
잠이 오지 않았어

'개미야,   ㉠   '
*맘속으로 말했어

* **밟았어**: 발을 들었다 놓으면서 대고 눌렀어.
* **맘속**: '마음속'의 준말.

1 이 시에서 말하는 이는 누구인가요? (   )

① 나   ② 친구   ③ 개미

④ 엄마   ⑤ 선생님

2 이 시의 내용으로 알맞으면 ○표, 알맞지 <u>않으면</u> ✕표 하세요.

(1) 말하는 이는 놀이터에서 친구와 놀았다.   (   )

(2) 말하는 이는 놀이터에서 개미를 밟았다.   (   )

(3) 말하는 이는 개미에게 직접 미안하다고 말했다.   (   )

3 ㉠에 들어갈 알맞은 낱말을 빈칸에 쓰세요.

개미야, ☐☐☐

4 말하는 이와 비슷한 마음이 든 일을 한 친구에게 ○표 하세요.

(1) 사람이 많은 지하철에서 할머니께 내 자리를 양보해 드린 적이 있어.

(2) 운동장에서 달리기를 하는데 내 실수로 흙이 튀어 친구의 눈에 들어갔어.

[5~6] 다음을 읽고 물음에 답하세요.

오리 아줌마

유희윤

㉠'에계계.'

메추리 알을 보고
*은근히 뽐내던
오리 아줌마
입이 딱 벌어졌어요
타조 알을 보았거든요.

＊ 은근히: 함부로 드러나지 않고 은밀히.

내용 이해

5 ㉠에 대한 설명으로 알맞지 <u>않은</u> 것에 ○표 하세요.

(1) 다른 사람이 가진 것이 부러워서 내는 소리이다. (　　　)

(2) 오리 아줌마가 메추리 알을 보고 속으로 한 말이다. (　　　)

(3) 어떤 것이 작고 하찮아서 업신여길 때 내는 소리이다. (　　　)

추론하기

6 다음 상황에 알맞은 오리 아줌마의 마음을 보기 에서 찾아 쓰세요.

보기	놀란 마음	미안한 마음	우쭐거리는 마음

(1) 메추리 알을 보았을 때　➡　(　　　　　　　　　　)

(2) 타조 알을 보았을 때　➡　(　　　　　　　　　　)

1 아이의 표정을 보고 마음을 적절하게 나타낸 낱말을 따라가며 길을 찾으세요.

오늘 학습은 어땠나요? ☑해 보세요.　　쉬움 ☐　　보통 ☐　　어려움 ☐

사막 딱정벌레와 에어드롭

사막 딱정벌레는 ㉠ 에서 사는 곤충으로, 크기가 엄지손톱만 해요. 딱딱한 딱지날개에는 오돌토돌한 *돌기가 돋아 있지요. 그런데 이 사막 딱정벌레에게는 아주 놀라운 재주가 있어요.

㉡사막 딱정벌레는 메마른 사막에서 스스로 물을 만들어 마셔요. ㉢안개가 낀 이른 아침이면, 사막 딱정벌레는 모래 언덕으로 올라가요. ㉣*물구나무서기를 하는 것처럼 머리를 낮추고 엉덩이를 들지요. ㉤그러면 안개 속의 수분이 사막 딱정벌레의 돌기에 달라붙어 물방울이 맺혀요. ㉥물방울은 기울어진 등을 따라 머리 쪽으로 흘러내리고, 사막 딱정벌레는 시원하게 물을 마시지요.

과학자들은 사막 딱정벌레가 물을 만드는 방법에서 아이디어를 얻어 '에어드롭'이라는 장치를 만들었어요. 에어드롭은 공기 속 *수증기를 물로 만드는 장치예요. 땅속에 *관을 묻고 이 관에 공기를 모으면 온도가 낮은 땅속에서 공기 속의 수증기가 물방울이 되어 맺히지요. 이렇게 얻은 물은 사막에서 *농작물을 기르는 데 사용해요.

* 돌기: 겉으로 뾰족하게 도드라진 것.
* 물구나무서기: 손으로 바닥을 짚고 몸을 거꾸로 세우는 동작.
* 수증기: 기체 상태로 되어 있는 물.
* 관: 빨대 같은 것처럼 둘레가 둥글면서 속이 빈 것.
* 농작물: 논밭에 심어 가꾸는 곡식이나 채소.

내용 이해

1 이 글의 내용으로 알맞은 것에 ○표 하세요.

(1) 사막 딱정벌레는 크기가 작다.   (   )

(2) 사막 딱정벌레는 매끈매끈한 딱지날개를 가지고 있다.   (   )

(3) 에어드롭은 사막의 더운 공기를 물로 식혀 주는 장치이다. (   )

추론하기

2 ㉠에 들어갈 알맞은 낱말은 무엇인가요? (   )

① 숲   ② 들   ③ 동굴   ④ 사막   ⑤ 습지

내용 이해

3 ㉡~㉤ 중 가장 중요한 내용을 담은 문장을 찾아 기호를 쓰세요.

(   )

구조 알기

4 다음은 이 글의 내용을 간추린 것이에요. 빈칸에 들어갈 알맞은 낱말을 쓰세요.

사막 딱정벌레는 메마른 ☐☐ 에서 스스로 물을 만들어 마신다.

과학자들은 사막 딱정벌레가 물을 만드는 방법에서 아이디어를 얻어

'☐☐☐☐'이라는 장치를 만들었다. 이 장치에서 얻은 ☐

은 사막에서 농작물을 키우는 데 사용한다.

[5~6] 다음을 읽고 물음에 답하세요.

ⓐ식물이나 동물의 *특성을 본떠서 새로운 물건을 만들어 내는 것을 '*생체 *모방 기술'이라고 해요. ⓑ사막 딱정벌레에게서 아이디어를 얻어 에어드롭을 만든 것도 생체 모방 기술의 한 예이지요. ⓒ이 외에도 물에 젖지 않는 옷인 방수복은 연잎에서 아이디어를 얻어 만들었어요. ⓓ연잎은 물방울을 튕겨 내어 물에 젖지 않는 특성을 갖고 있거든요. ⓔ비행기의 *프로펠러나 헬리콥터는 단풍나무 씨앗이 빙글빙글 돌면서 떨어지는 모습을 본떠 만들었답니다.

▲ 연잎

▲ 단풍나무 씨앗

* **특성**: 어떤 것에만 있는 보통과 매우 차이가 나게 다른 성질.
* **생체**: 생물의 몸.
* **모방**: 다른 것을 본뜨거나 본받음.
* **프로펠러**: 비행기나 배에서 엔진이 회전하는 힘을 앞으로 나아가는 힘으로 바꾸는 장치.

5 ⓐ~ⓔ 중 가장 중요한 내용을 담은 문장은 무엇인가요? (   )

① ⓐ   ② ⓑ   ③ ⓒ   ④ ⓓ   ⑤ ⓔ

6 이 글의 내용을 알맞게 말하지 <u>못한</u> 친구에게 ○표 하세요.

1 다음 뜻에 알맞은 낱말을 글자판에서 찾아 줄로 묶으세요. (가로, 세로, 대각선에 있어요.)

돌	기	사	프
물	차	농	로
특	용	작	펠
국	성	물	러

(1) 겉으로 뾰족하게 도드라진 것. 예 사막 딱정벌레는 딱지 날개에 ○○가 있어.

(2) 논밭에 심어 가꾸는 곡식이나 채소. 예 사막에서 ○○○ 을 키운다.

(3) 비행기나 배에서 엔진이 회전하는 힘을 앞으로 나아가는 힘으로 바꾸는 장치.

(4) 어떤 것에만 있는 보통과 매우 차이가 나게 다른 성질. 예 방수복은 연잎의 ○○을 이용한 거야.

2 ( ) 안에 들어갈 알맞은 낱말을 보기 에서 찾아 쓰세요.

> 보기   모방   수증기   헬리콥터

(1) 

주전자에 물을 끓였더니 (   )가 생겼다.

(2) 

나는 유명한 작가의 그림을 (   ) 해서 그려 보았다.

(3) 

(   )가 매우 요란한 소리를 내며 하늘로 솟아올랐다.

오늘 학습은 어땠나요? ☑해 보세요.   쉬움☐   보통☐   어려움☐

51

엑스선을 발견한 뢴트겐

1895년, 독일의 과학자 뢴트겐이 어두운 방에서 *실험을 하고 있을 때였어요. 뢴트겐은 *희미한 빛이 나는 것을 보고 깜짝 놀랐어요.

"실험 장치를 두꺼운 검은 종이로 감쌌는데, 대체 어떤 *광선이 검은 종이를 *통과해서 나온 거지?"

이상하게 생각한 뢴트겐은 검은 종이를 뚫고 나온 알 수 없는 광선에 대해 연구하기 시작했어요. 뢴트겐은 그 광선을 책과 옷감, 나무판자, 납 금속 등에 쏘아 보았지요. 그랬더니 광선은 납을 ㉠제외한 모든 물체를 통과했어요.

"오호! 지금껏 알려지지 않은 새로운 광선이 틀림없어. 이 광선을 엑스선(X선)이라고 불러야겠다. 수학에서 알 수 없는 수를 나타낼 때 '엑스(X)'라고 쓰니까."

㉡뢴트겐은 엑스선을 쏘아 아내의 손을 사진으로 찍어 보았어요. 그러자 아내의 손뼈와 손가락에 낀 반지의 생김새가 그대로 보였어요. 오늘날 우리가 병원에서 엑스선 *촬영을 하면 볼 수 있는 뼈 사진을 처음으로 찍은 순간이었어요.

어떻게 읽을까?

어떤 인물에 대해 알려 주는 글인지, 그 인물이 한 일은 무엇인지 찾으면서 읽어 봐.

* **실험**: 일정한 조건 속에서 기대했던 현상 또는 다른 현상이 일어나는지 조사하는 일.
* **희미한**: 분명하지 못하고 흐릿한.
* **광선**: 물체에서 뻗어 나오는 빛의 줄기.
* **통과해서**: 어떤 곳을 거쳐서 지나가서.
* **촬영**: 사람, 사물, 풍경 등을 사진이나 영화로 찍음.

1 이 글은 누구에 대해 알려 주는 글인지 빈칸에 알맞은 낱말을 쓰세요.

독일의 과학자 ☐ ☐ ☐

2 뢴트겐이 한 일로 알맞은 것에 ○표 하세요.

(1) 사람의 손과 손을 이루는 뼈에 대해 연구했다.　　　(　　　)

(2) 새롭게 발견한 광선에 엑스선이라는 이름을 붙였다.　　　(　　　)

(3) 수학에서 알 수 없는 수를 나타낼 때 엑스라고 쓰게 했다.　(　　　)

3 ㉠과 바꾸어 쓸 수 있는 낱말은 무엇인가요? (　　　)

① 뺀　　　　② 더한　　　　③ 넣은

④ 포함한　　　⑤ 비롯한

4 ㉡을 읽고 떠올린 모습으로 알맞은 그림에 ○표 하세요.

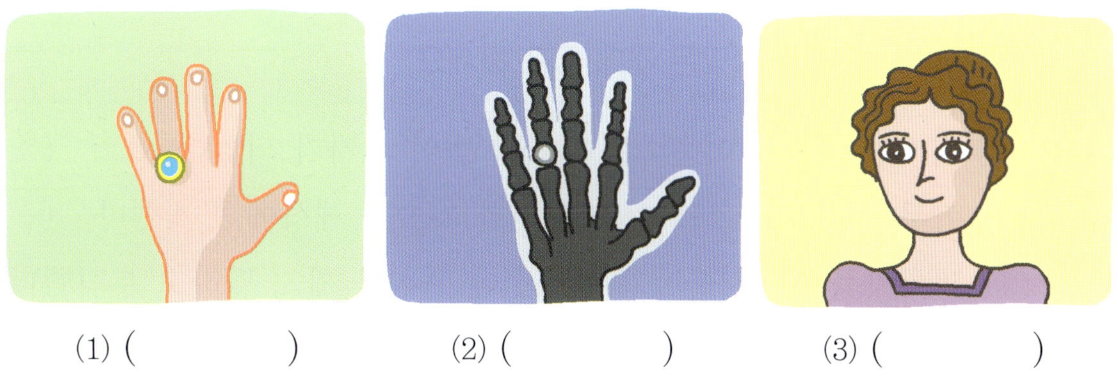

(1) (　　　)　　　(2) (　　　)　　　(3) (　　　)

[5~6] 다음을 읽고 물음에 답하세요.

> 뢴트겐이 엑스선을 *발견했다는 소식이 알려지자, 과학자와 의사를 비롯해 많은 사람들의 관심이 쏟아졌어요.
> ㉠"엑스선을 이용하면 살아 있는 사람의 뼈를 볼 수 있다니, 정말 대단한 발견이야."
> ㉡"엑스선 기술을 이용하는 *대가를 받을 테니, 뢴트겐은 큰 부자가 되겠군."
> 그러나 뢴트겐은 이렇게 말했어요.
> ㉢"엑스선은 제가 만들어 낸 것이 아닙니다. 원래 있던 것을 발견한 것뿐이니, 모든 사람이 사용할 수 있어야 합니다."
> 뢴트겐은 아무런 대가를 받지 않고 엑스선과 관련한 기술을 세상에 *공개했어요.

＊**발견했다는**: 세상에 알려지지 않은 것을 처음으로 찾아냈다는.
＊**대가**: 어떠한 일에 대한 값으로 받는 돈이나 물품.
＊**공개했어요**: 사람들에게 널리 알렸어요.

내용 이해

5 ㉠~㉢ 중 뢴트겐이 한 말의 기호를 쓰세요.

(   )

내용 이해

6 뢴트겐이 한 일로 알맞은 것에 ○표 하세요.

(1) 엑스선 기술을 이용하는 대가를 받아 부자가 되었다. (   )

(2) 아무 대가 없이 엑스선과 관련한 기술을 세상에 공개했다. (   )

(3) 과학자들과 의사들에게 엑스선에 관심을 가져 달라고 부탁했다.

(   )

1 빈칸에 들어갈 알맞은 낱말에 ○표 하세요.

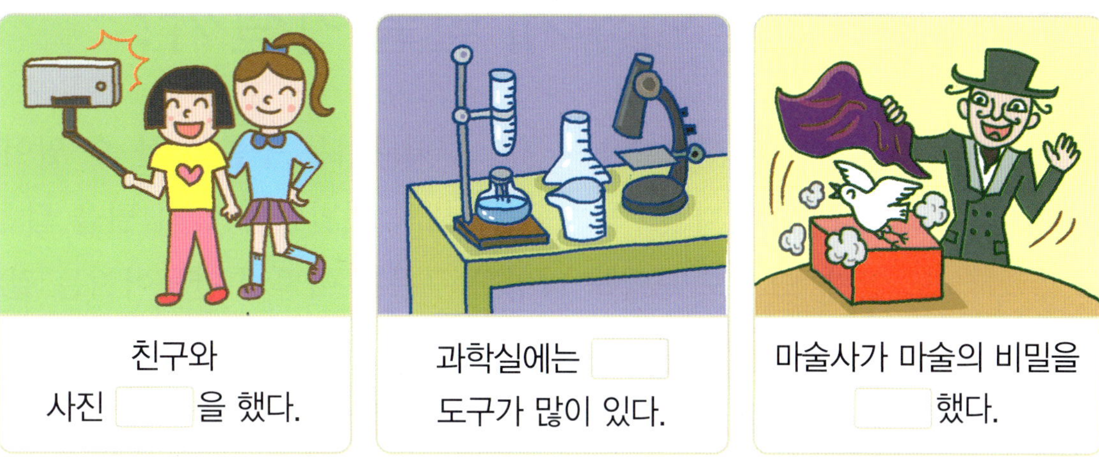

⑴ (실험 / 촬영 / 발견)　⑵ (광선 / 실험 / 수학)　⑶ (통과 / 촬영 / 공개)

2 밑줄 친 낱말과 바꾸어 쓸 수 있는 말에 색칠하세요.

⑴ 기차가 터널을 <u>통과했다</u>.

　　돌아갔다　　지나갔다

⑵ 뢴트겐이 사람의 뼈 사진을 처음으로 <u>촬영했다</u>.

　　찍었다　　쏘았다

⑶ 멀리 보이는 집의 창문에서 불빛이 <u>희미하게</u> 새어 나왔다.

　　또렷하게　　어렴풋하게

오늘 학습은 어땠나요? ✓해 보세요.　쉬움 ☐　보통 ☐　어려움 ☐

13

구름은 어떻게 만들어질까?

하늘을 올려다보면 ⓐㄱ 떠다니는 구름을 볼 수 있어. 작은 *조각구름, 커다란 *뭉게구름, 새의 깃털이나 양의 털을 닮은 구름도 있지. 크기도 모양도 다양한 구름은 어떻게 만들어지는 걸까?

바다, 강, 호수나 땅 위에 햇볕이 내리쬐면 물이 수증기로 변하면서 공기 속에 섞여. 수증기가 섞인 공기 덩어리는 하늘 위로 올라가게 되는데, 높이 올라갈수록 *기압이 낮아지지.

그러면 공기 덩어리가 커다랗게 *부풀어 올라. 이렇게 *부피가 커지면 온도가 낮아져서, 공기 속의 수증기가 아주 작은 물방울이나 얼음 알갱이로 변하게 돼. 이 작은 물방울들이나 얼음 알갱이들이 한데 모여 있는 것이 바로 구름이란다.

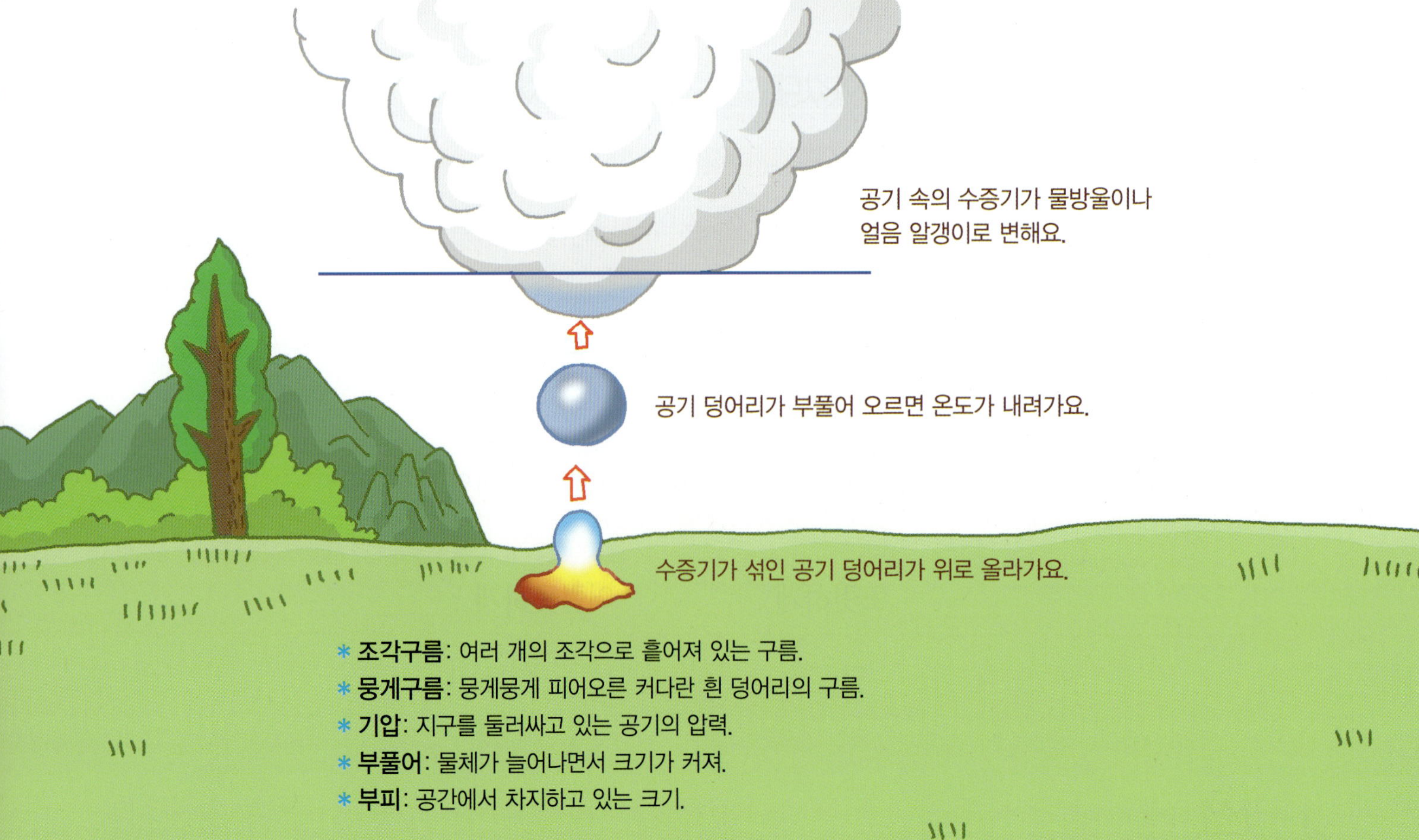

* **조각구름**: 여러 개의 조각으로 흩어져 있는 구름.
* **뭉게구름**: 뭉게뭉게 피어오른 커다란 흰 덩어리의 구름.
* **기압**: 지구를 둘러싸고 있는 공기의 압력.
* **부풀어**: 물체가 늘어나면서 크기가 커져.
* **부피**: 공간에서 차지하고 있는 크기.

1 이 글에서 설명하는 것은 무엇인가요? (   )

① 강이 생기는 원리   ② 산이 만들어지는 원리

③ 바다가 파란색인 까닭   ④ 하늘이 푸른색인 까닭

⑤ 구름이 만들어지는 원리

2 ㉠에 들어갈 흉내 내는 말에 ○표 하세요.

쫄랑쫄랑	둥실둥실	새근새근
(1) ( )	(2) ( )	(3) ( )

3 다음은 이 글의 내용을 간추린 것이에요. 빈칸에 들어갈 알맞은 낱말을 쓰세요.

> 물이 변한 [ ][ ][ ] 가 섞인 공기 덩어리는 하늘로 올라가 부풀면서 온도가 낮아진다. 그러면 공기 속에 섞여 있던 [ ][ ][ ] 가 작은 물방울이나 얼음 알갱이로 변한다. 이 작은 물방울들과 얼음 알갱이들이 한데 모여 있는 것이 [ ][ ] 이다.

4 구름을 손으로 만진다면 어떤 느낌인지 알맞게 말한 친구에게 ○표 하세요.

[5~6] 다음을 읽고 물음에 답하세요.

* **전국적**: 규모나 범위가 온 나라에 걸친 것.
* **발달해**: 어떤 것의 세력이나 규모 등이 점차 커져.

어휘 알기

5 ㉠과 바꾸어 쓸 수 <u>없는</u> 낱말에 ○표 하세요.

한곳	이곳저곳	여기저기
(1) ( )	(2) ( )	(3) ( )

구조 알기

6 다음은 일기 예보를 간추린 것이에요. 빈칸에 들어갈 알맞은 낱말을 쓰세요.

오늘은 전국적으로 □□이 많이 끼고, 남부 지방과 제주도는 오후부터 □□□가 오는 곳이 많다.

1 다음 뜻에 알맞은 낱말을 보기 에서 찾아 쓰세요.

> 보기 양떼구름 조각구름 뭉게구름

뭉게뭉게 피어오른
커다란 흰 덩어리의 구름.

여러 개의 조각으로
흩어져 있는 구름.

(1) ☐☐☐☐

(2) ☐☐☐☐

2 다음 빈칸에 들어갈 알맞은 낱말에 색칠하세요.

(1) 공원 벤치에 앉아서 높은 빌딩을 ☐☐☐☐☐ .

내려다보았다   올려다보았다

(2) 입으로 바람을 후후 불자, 풍선이 점점 ☐☐☐☐☐ .

부풀었다   쪼그라들었다

(3) 땅의 모양이 평평하고 교통이 편리한 곳에 도시가 ☐☐☐☐☐ .

발달한다   사라진다

오늘 학습은 어땠나요? ✓해 보세요.   쉬움 ☐   보통 ☐   어려움 ☐

거인의 정원

아이들은 매일 학교가 끝나면 *거인의 *정원에 가서 놀았어요. 부드러운 잔디가 깔린 정원은 무척 넓고 아름다웠어요. 빛나는 별처럼 고운 꽃들이 여기저기 피어 있고, 복숭아나무도 열두 그루나 있었지요. 새들이 나뭇가지에 앉아 노래를 부를 때면, 아이들은 놀기를 멈추고 가만히 귀를 기울였어요.

"여기 있으면 정말 ⓐⓖ⌐!"

아이들의 웃음소리는 끊이지 않았답니다.

그러던 어느 날, 멀리 여행을 떠났던 거인이 7년 만에 집으로 돌아왔어요. 거인은 자신의 정원에서 놀고 있는 아이들을 보자, 머리 끝까지 화가 *치밀었어요.

ⓛ"허락도 없이 내 정원에 들어오다니. 당장 다 사라져!"

아이들은 놀라서 도망쳤어요.

거인은 아이들이 들어오지 못하게 정원 둘레에 높은 담을 쌓았어요. '*출입 금지'라고 쓰인 *표지판까지 걸었지요. 아이들은 이제 놀 곳이 없어졌어요.

오스카 와일드, 『거인의 정원』

어떻게 읽을까?
이야기 속 거인의 마음과 감정에 어울리는 목소리를 떠올리며 읽어 봐.

* **거인**: 보통 사람보다 몸과 키가 아주 큰 사람.
* **정원**: 집 안에 풀과 나무 등을 가꾸어 놓은 뜰이나 꽃밭.
* **치밀었어요**: 세차게 복받쳐 올랐어요.
* **출입 금지**: 어떤 곳을 드나들지 못하게 막음.
* **표지판**: 글자나 그림 같은 것으로 어떤 내용을 알리는 판.

1 아이들이 매일 학교가 끝나면 놀았던 장소를 빈칸에 쓰세요.

☐☐ 의 ☐☐

2 이 글의 내용으로 알맞지 <u>않은</u> 것은 무엇인가요? (   )

① 거인의 정원은 넓고 아름답다.

② 거인의 정원에는 복숭아나무가 있다.

③ 거인은 아이들과 7년 동안 멀리 여행을 떠났다.

④ 거인은 아이들이 들어오지 못하게 정원 둘레에 담을 쌓았다.

⑤ 새들이 노래를 부르면 아이들은 놀기를 멈추고 귀를 기울였다.

3 ㉠에 들어갈 알맞은 낱말에 ○표 하세요.

답답해	울적해	행복해
(1) ( )	(2) ( )	(3) ( )

4 ㉡을 실감 나게 읽을 때 알맞은 목소리는 무엇인가요? (   )

① 작은 목소리   ② 슬픈 목소리   ③ 기쁜 목소리

④ 화난 목소리   ⑤ 다정한 목소리

봄이 왔어요. 온 마을이 활짝 핀 꽃들과 새들로 가득했어요. 하지만 *심술궂은 거인의 정원은 아직도 겨울이었어요. 아이들이 놀러 오지 않으니, 새들은 노래하지 않았고 나무도 꽃을 피우지 않았어요.

한번은 예쁜 꽃이 머리를 내밀었다가 '출입 금지'라고 쓰인 표지판을 보았어요. 꽃은 아이들이 *가엾다고 생각하며 다시 땅속으로 들어가 잠을 잤지요.

오직 눈의 요정들만이 즐거워서 소리쳤어요.

㉠"거인의 정원에는 봄이 오지 않아. 일 년 내내 여기서 살자!"

오스카 와일드, 『거인의 정원』

* **심술궂은**: 남을 괴롭히거나 남이 잘못되기를 바라는 마음이 많은.
* **가엾다고**: 마음이 아플 만큼 불쌍하다고.

내용 이해

5 거인의 정원에 봄이 오지 않은 까닭에 ○표 하세요.

(1) 아이들이 놀러 오지 않았기 때문이다. ( )

(2) 눈의 요정들이 아이들을 쫓아냈기 때문이다. ( )

추론하기

6 이 글을 연극으로 꾸밀 때, ㉠을 실감 나게 말하는 방법을 골라 색칠하세요.

(1) 실망한 목소리로 작게

(2) 신나는 목소리로 크게

(3) 퉁명스러운 목소리로 크게

1 길을 따라가며 밑줄 친 낱말의 쓰임이 알맞으면 ○표, 알맞지 <u>않으면</u> ✕표에 색 칠하세요.

오늘 학습은 어땠나요? ☑해 보세요. 쉬움☐ 보통☐ 어려움☐

야생 동물의 겨울나기를 도웁시다!

찬 바람이 쌩쌩 부는 겨울은 ㉠야생 동물이 살아가기 힘든 계절입니다. 너무 추워서 얼어 죽거나 먹이가 부족해서 굶어 죽을 수 있기 때문입니다. 그러니 야생 동물이 *무사히 겨울을 날 수 있도록 우리가 도와주어야 합니다.

우선, 먹이가 부족한 야생 동물들에게 먹이를 줄 수 있습니다. 특히 눈이 많이 내렸을 때는 산과 들이 눈에 덮여 먹잇감을 찾기 어렵습니다. 이런 때에는 산과 들에 곡식이나 열매, 채소를 잘 보이게 놓아두면 *굶주린 동물들이 겨울을 나는 데 큰 도움이 됩니다.

또, 새들이 추위를 피할 수 있는 새집을 만들어 줄 수도 있습니다. 이 밖에도 겨울잠을 자는 동물을 깨우지 않는 것, 나뭇가지에 붙어 있는 곤충의 알이나 번데기를 함부로 건드리지 않도록 조심하는 것, 낙엽을 *들추었는데 곤충이 나오면 도로 잘 덮어 주는 것도 야생 동물의 겨울나기를 돕는 방법입니다.

야생 동물들은 저마다의 방법으로 추운 겨울을 견뎌 낼 것입니다. 그러나 우리가 도움을 준다면 야생 동물들이 좀 더 *수월하게 겨울을 보내고 따스한 봄을 맞을 수 있을 것입니다.

* **무사히**: 아무런 문제나 어려움 없이 편안하게.
* **굶주린**: 먹을 것이 없어서 배를 곯는.
* **들추었는데**: 속이 드러나도록 들어 올리거나 헤집었는데.
* **수월하게**: 어떤 일이 복잡하거나 힘들지 않아서 하기가 쉽게.

1 야생 동물의 겨울나기를 돕는 방법이 <u>아닌</u> 것은 무엇인가요? (   )

① 새집 만들어 주기

② 곤충의 알이나 번데기 건드리지 않기

③ 낙엽 밑에 있는 곤충을 집으로 데려오기

④ 산이나 들에 곡식이나 열매, 채소 놓아두기

⑤ 겨울잠 자는 동물을 깨우지 않도록 조심하기

2 글쓴이의 생각에 대한 까닭으로 알맞은 것에 ○표 하세요.

야생 동물은 인간에게 많은 도움을 주기 때문이다.	야생 동물은 개, 고양이보다 추위에 약하기 때문이다.	얼어 죽거나 먹이가 부족해서 굶어 죽을 수 있기 때문이다.
(1) ( )	(2) ( )	(3) ( )

3 ㉠의 뜻으로 알맞은 것에 ○표 하세요.

(1) 사람이 우리에 가두어 기르는 동물.   (   )

(2) 산이나 들에서 저절로 나서 자란 동물.   (   )

4 이 글을 읽고 올바르게 판단하여 자신의 생각을 말한 친구의 이름을 쓰세요.

> 지민: 야생 동물 중에는 겨울잠을 자는 동물도 있어서 먹이가 부족하지 않을 거야.
>
> 건우: 겨울에는 식물도 잘 자라지 않아 먹이가 부족해. 야생 동물에게 먹이를 주면 겨울을 나는 데 도움이 될 거야.

(   )

[5~6] 다음을 읽고 물음에 답하세요.

＊ **양식**: 살아가는 데 필요한 먹을거리.

내용 이해

5 이 안내문에 나타난 글쓴이의 생각에 ○표 하세요.

다람쥐와 청설모의 먹이를 가져가지 말자.	다람쥐와 청설모를 함부로 잡지 말자.
(1) ( )	(2) ( )

어휘 알기

6 ㉠과 바꾸어 쓸 수 <u>없는</u> 낱말에 색칠하세요.

(1) 식량   (2) 먹을거리   (3) 보금자리

1 다음 뜻을 읽고, 알맞은 낱말을 찾아 정해진 색을 칠해 보세요.

(1) 먹을 것이 없어서 배를 곯다. **분홍**

(2) 아무런 문제나 어려움 없이 편안하다. **파랑**

(3) 속이 드러나도록 들어 올리거나 헤집다. **주황**

(4) 어떤 일이 복잡하거나 힘들지 않아서 하기가 쉽다. **초록**

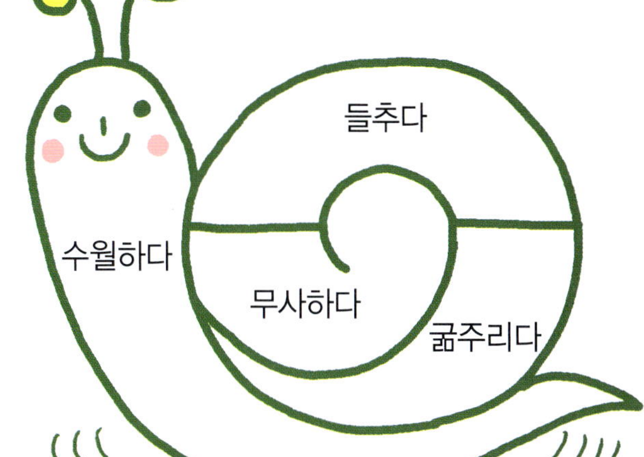

2 밑줄 친 낱말과 반대되는 뜻을 가진 낱말에 색칠하세요.

(1) 겨울은 <u>야생 동물</u>이 살아가기 힘든 계절이다.

가축   들짐승

(2) 먹이를 찾지 못하면 청설모는 겨울을 나기 <u>힘들다</u>.

어렵다   수월하다

(3) 겨울잠을 자는 동물을 <u>깨우지</u> 않는 것도 겨울나기를 돕는 방법이다.

지키지   재우지

오늘 학습은 어땠나요? ☑해 보세요.　　쉬움 ☐　　보통 ☐　　어려움 ☐

공부하느라 수고했어요. 어떻게 공부했는지
스스로 돌아보며 ✔표 해 보세요.

	예	아니요
한 회씩 꾸준히 공부했나요?	☐	☐
스스로 공부했나요?	☐	☐
문제를 끝까지 다 풀었나요?	☐	☐
재미있게 공부했나요?	☐	☐
틀린 문제는 왜 틀렸는지 한 번 더 확인했나요?	☐	☐

1회   9~11쪽

1 (4) ○   **2** 시아   **3** ③   **4** 겨울   **5** 현서

6 (2) ○

☆ 어휘력 팡팡   **1** (1) ㉣ (2) ㉤ (3) ㉮ (4) ㉢

(5) ㉡

1 겨울이 되기 전에 나무는 잎을 모두 떨구어 버립니다. 따라서 겨울에 볼 수 있는 나무의 모습은 (4)입니다.

2 이 글에서는 나무가 받아들인 햇빛과 뿌리로 빨아올린 물을 이용해 잎에서 영양분을 만든다고 했습니다. 따라서 새롭게 알게 된 점을 알맞게 말하지 못한 친구는 시아입니다.

3 '부족하다'는 필요한 양에 미치지 못해 충분하지 않다는 뜻으로, 정해진 수나 양, 정도에 이르지 못하다라는 뜻의 '모자라다'와 바꾸어 쓸 수 있습니다.

4 마지막 문단에서 나무는 추운 겨울을 대비해 가을부터 잎을 모두 떨어뜨린다고 했습니다. 이것으로 미루어, ㉡에 들어갈 계절이 '겨울'이라는 것을 짐작할 수 있습니다.

5 글쓴이는 소나무와 잣나무가 겨울에도 푸른 잎을 달고 있다고 설명했습니다.

6 이 글에서 상록수는 대부분 잎이 바늘처럼 가늘고 뾰족하다고 했습니다. 또, 겨울에도 푸른 잎을 달고 있다고 했습니다. 이를 나타낸 그림은 (2)입니다.

☆ 어휘력 팡팡

1 낱말을 보고 뜻을 짐작한 뒤, 꼬불꼬불 이어진 길을 따라가서 낱말의 정확한 뜻을 알아봅니다.

2회   13~15쪽

1 ③   **2** ②, ⑤   **3** (3) ○   **4** 팔랑팔랑   **5** ⑤

6 (2) ○   **7** (1) ○

☆ 어휘력 팡팡   **1** (1) 나풀나풀 (2) 깡충깡충

(3) 보글보글 (4) 달그락달그락   **2** (1) > (2) <

1 이 시의 제목과 내용을 통해 글감이 '나비'임을 알 수 있습니다.

2 이 시에서는 '웃는다'와 '꾸어라'가 여러 번 반복해서 쓰였습니다.

3 '아롱다롱'은 여러 빛깔의 점이나 줄 등이 고르지 않고 촘촘하게 무늬를 이룬 모양을 뜻합니다. 따라서 '아롱다롱 꽃밭'은 (3)처럼 여러 빛깔의 꽃이 함께 피어 있는 꽃밭을 표현한 것입니다.

4 '나풀나풀'과 바꾸어 쓸 수 있는 낱말은 나뭇잎이나 나비가 가볍게 계속 날아다니는 모양을 뜻하는 '팔랑팔랑'입니다.

5 이 시에서 말하는 이가 나비에게 꽃에 앉아 꿀을 먹으라고 한 내용은 나타나지 않았습니다.

6 '사뿐사뿐'은 매우 가볍게 잇따라 움직이는 모양을 뜻하는 낱말입니다.

7 이 시에서 말하는 이는 나비와 꽃에 대해 이야기할 뿐, 새싹과 관련한 내용은 말하지 않았습니다.

☆ 어휘력 팡팡

2 우리말의 보음에서 'ㅏ, ㅗ'는 삭고 밝으며 가벼운 느낌을 주는 말이고, 'ㅓ, ㅜ'는 크고 어두우며 무거운 느낌을 주는 말입니다. '줄줄'과 '번쩍번쩍'은 '졸졸'과 '반짝반짝'보다 크고 무거운 느낌을 줍니다.

3회   17~19쪽

1 ④   **2** (1) ○ (2) × (3) ○   **3** 왜냐하면
4 (순서대로) 근육, 눈물   **5** 연아   **6** (2) ○

⭐어휘력 팡팡   **1** (1) 흙장난 (2) 눈꺼풀 (3) 근육
2 (1) ㉣ (2) ㉯ (3) ㉮

1 이 글은 '하품을 하면 눈물이 나오는 까닭'을 설명한 글입니다.

2 이 글에서는 눈물이 눈동자에 묻은 먼지를 씻어 주고, 눈으로 들어온 세균도 없애 준다고 했습니다.

3 ㉠의 앞 문장은 결과이고 ㉠의 뒤 문장은 원인이므로, ㉠에는 결과와 원인을 이어 주는 말인 '왜냐하면'이 알맞습니다.

4 우리가 하품을 할 때 눈물이 나는 까닭은 입을 벌리면 얼굴 근육이 눈물주머니를 눌러 눈물주머니 안에 고여 있던 눈물이 밖으로 흘러나오기 때문입니다.

5 제목과 글의 내용에서 글쓴이의 의견을 알 수 있습니다. 연아의 말처럼 글쓴이는 지저분한 손으로 눈을 비비면 안 된다고 했습니다.

6 화장실 손잡이는 여러 사람이 함께 사용하는 물건이므로 손잡이를 만진 다음에는 손을 씻어야 합니다. 따라서 글의 내용에 알맞게 행동한 친구는 (2)입니다.

⭐어휘력 팡팡

2 (1) 빵을 액체인 우유에 적셨으므로, '촉촉하게'가 알맞습니다. (2) 손으로 눈을 문지른다는 뜻이므로, '비비며'가 들어가야 합니다. (3) 물이 흘러내리는 소리나 모양을 표현하는 말은 '주르르'입니다.

4회   21~23쪽

1 다람쥐, 청설모   **2** (1) 북슬북슬 (2) 쪼르르
(3) 폴짝폴짝   **3** ②   **4** (2) ○   **5** (1) 해달
(2) 수달   **6** 수달은∨주로∨강에서∨살고,∨해달은∨바다에서∨살지요.

⭐어휘력 팡팡   **1** (1) 빛 (2) 갈 (3) 형 (4) 잠
2 (1) 굳세다 (2) 오르내리다

1 이 글은 다람쥐와 청설모에 대해 설명한 글입니다.

2 (1) 털이 많아서 매우 탐스러운 모양을 나타내는 말은 '북슬북슬'입니다. (2) 작은 것이 비탈진 곳을 빠르게 내려오는 모양을 뜻하는 낱말은 '쪼르르', (3) 작은 것이 자꾸 세차고 가볍게 뛰어오르는 모양을 뜻하는 낱말은 '폴짝폴짝'입니다.

3 이 글에서는 청설모가 다람쥐보다 몸집이 조금 더 크다고 했습니다.

4 이 글은 다람쥐와 청설모의 닮은 점과 다른 점을 서로 비교해 자세히 설명하고 있습니다.

5 이 글에서 수달은 앞발로 먹이를 잡고 먹으며, 해달은 배 위에 조개를 올려놓고 돌로 탁탁 쳐서 깨뜨린 다음 살을 꺼내 먹는다고 했습니다.

6 낱말과 낱말 사이는 띄어 쓰고, '은/는, 에서'와 같은 말은 앞말에 붙여 씁니다. 마침표나 쉼표 뒤에 오는 말도 띄어 씁니다.

⭐어휘력 팡팡

2 (1) '굳다'와 '세다'가 합쳐진 낱말은 '굳세다'입니다. (2) '오르다'와 '내리다'가 합쳐진 낱말은 '오르내리다'입니다.

5회   25~27쪽

1 ④ **2** (1) ○ **3** 민혁 **4** (1) 2 (2) 3 (3) 1
5 ①, ⑤ **6** 수아

☆ 어휘력 땅땅 **1** (1) 점심때 (2) 오월 (3) 오늘
(4) 오전 (5) 봄

1 '풀밭'은 풀이 많이 난 땅이라는 뜻으로 장소를 나타내는 말입니다. ㉠, ㉡, ㉢, ㉤은 모두 시간을 나타내는 말입니다.

2 글쓴이는 양들이 풀밭에서 한가롭게 풀을 뜯는 모습을 보고 그림처럼 아름다웠다고 했습니다.

3 글쓴이는 양이 풀밭의 풀뿐만 아니라 마른 풀도 잘 먹는다는 것을 알게 되었으므로, 윤지의 말은 적절하지 않습니다.

4 글쓴이는 점심때를 지나 양 떼 목장으로 가서 양들이 풀을 뜯는 모습을 구경했습니다. 오후 2시쯤 체험장에서 먹이 주기 체험을 한 다음, 주인아저씨에게 방목에 대한 설명을 들었습니다.

5 이 글에서 시간과 관련된 낱말은 오전 9시, 오후 5시, 5월, 10월, 이른 봄, 겨울철 등입니다. ③, ④는 장소를 나타내는 말입니다.

6 이 글에서 양 떼 목장은 오전 9시부터 오후 5시까지 구경할 수 있고, 양 떼를 방목하는 기간은 5월부터 10월까지라고 했습니다. 이 내용에 알맞게 견학 계획을 세운 사람은 수아입니다.

☆ 어휘력 땅땅

1 '점심때→오월→오늘→오전→봄'을 차례로 따라가면 양 떼 목장에 도착할 수 있습니다.

6회   29~31쪽

1 (1) ○ (2) × (3) ○ **2** ②, ③ **3** ㉮ **4** (1) ○
5 (1) ○ (4) ○ **6** 하린

☆ 어휘력 땅땅 **1** (1) 실온 (2) 효능 (3) 발명품
(4) 직사광선 **2** (1) 대량 (2) 우연히 (3) 주의

1 요리를 하다가 손을 자주 다친 사람은 딕슨이 아닌 딕슨의 아내입니다.

2 딕슨은 반창고를 잘라 가운데에 거즈 조각을 붙였습니다. 그리고 그 위에 천을 붙여 두었다가 사용할 때 쉽게 뗄 수 있게 해 일회용 밴드를 만들었습니다.

3 딕슨은 사랑하는 아내가 혼자 있다가 다쳤을 때를 대비해서 일회용 밴드를 만들었습니다.

4 '날개 돋친 듯'은 어떤 물건이 인기가 좋아서 빠르게 팔려 나가는 상황을 표현한 말입니다.

5 이 글에서는 일회용 △△밴드의 효능과 사용 방법을 그림과 함께 제공하고 있습니다. 또 맨 아래에 주의 사항도 쓰여 있습니다. 그러나 가격이나 일회용 △△밴드를 만든 회사는 나타나 있지 않습니다.

6 일회용 △△밴드의 주의 사항에 따라 실온의, 햇빛이 닿지 않는 곳에 보관한 사람은 하린입니다.

☆ 어휘력 땅땅

2 (1) 기계로 많은 양의 물건을 만든다는 뜻이므로, '대량'이 알맞습니다. (2) 시장에서 뜻하지 않게 반 친구를 만났으므로, '우연히'가 어울립니다. (3) 자전거를 탈 때 조심할 점이므로, '주의'가 들어가야 합니다.

1 (3) ○ **2** ⑤ **3** (3) ○ **4** ② **5** ③
6 (1) ○

⭐ **어휘력 팡팡** **1** (1) 숭숭 (2) 어슬렁어슬렁
(3) 쑥 (4) 우당탕

1 이 글에는 오빠와 누이동생, 그리고 호랑이가 등장합니다.

2 이 글에서 방문을 열려고 한 사람은 누이동생이고, 이런 누이동생을 오빠가 가로막았습니다.

3 '능청스럽게'는 엉큼한 마음을 숨기고 겉으로는 아무렇지 않은 체하다라는 뜻입니다.

4 ㈎는 오누이만 있는 집에 호랑이가 엄마 흉내를 내며 문틈으로 앞발을 쑥 들이밀고 있는 장면입니다. 이런 상황에서 엄마가 아니라 호랑이인 것을 알게 된 오빠는 놀라고 무서웠을 것입니다.

5 오빠는 나무에 올라가는 방법을 물어보는 호랑이에게 미끄러운 성질이 있는 참기름을 바르고 올라오라고 했습니다. 이 일로 미루어 오빠는 꾀가 많고 지혜로운 성격임을 짐작할 수 있습니다.

6 ㈎에서 누이동생은 오빠의 꾀에 넘어간 호랑이가 나무에서 미끄러지는 모습을 보고 깔깔 웃었습니다. 이와 같은 누이동생의 행동으로 보아, 속마음으로 알맞은 것은 (1)입니다.

⭐ **어휘력 팡팡**

1 낱말 뜻과 쓰임을 보고, 빈칸에 들어갈 알맞은 낱말을 찾아 사다리를 타고 내려가 빈칸에 씁니다.

1 ② **2** (1) ✕ (2) ○ (3) ✕ (4) ○ **3** 동물
4 (순서대로) 체온, 추위, 수분 **5** (3) ○
6 민준

⭐ **어휘력 팡팡** **1** ① (가로) 수분, (세로) 수명
② 건조 ③ 조절 ④ 체온 **2** (1) 먹잇감 (2) 햇볕

1 이 글은 사막에 적응하며 사는 사막여우에 대해 설명한 글입니다.

2 사막여우에 대한 내용으로 알맞은 것은 (2), (4)입니다. (1) 사막여우는 몸집은 작지만 10~15센티미터나 되는 얇고 큰 귀를 갖고 있습니다. (3) 사막여우는 빽빽한 털을 갖고 있습니다.

3 쥐, 곤충, 여우, 도마뱀은 모두 동물에 속합니다.

4 사막여우는 큰 귀로 체온을 조절하며, 빽빽한 털로 사막의 뜨거운 햇볕과 추위를 막아 냅니다. 또, 먹잇감에서 수분을 얻어 물을 거의 먹지 않고도 살 수 있습니다.

5 이 글은 쌍봉낙타의 생김새와 사는 곳, 생활 방식에 대해 알려 주고 있으므로, 제목으로 알맞은 것은 '쌍봉낙타'입니다.

6 이 글에서 글쓴이는 쌍봉낙타가 단봉낙타보다 걸음이 느리지만, 더 튼튼하고 힘도 세다고 했습니다.

⭐ **어휘력 팡팡**

2 두 낱말이 합쳐질 때 사이시옷이 들어가는 낱말을 알아봅니다. (1) 동물의 먹이가 되는 것을 뜻하는 낱말은 '먹잇감'입니다. (2) 해가 내리쬐는 기운을 이르는 말은 '햇볕'입니다.

| 9회 | 41~43쪽 |

1 ④ **2** ⑶ ○ **3** ⑶ ○ **4** 몸집, 탈바꿈, 알
5 ⑴ ○ ⑵ × **6** ⑵ ○

☆ 어휘력 팡팡 **1** ⑴ 어른벌레 ⑵ 쌍 ⑶ 애벌레
⑷ 더듬이 **2** ⑴ 대개 ⑵ 매우

1 제목과 글의 내용을 통해 이 글이 '곤충의 수가 많은 까닭'을 설명한 글이라는 것을 알 수 있습니다.

2 ⑴ 글쓴이는 곤충이 대부분 날개가 있어 날 수 있다고 했습니다. ⑵ 곤충은 알을 많이 낳는다고 했습니다.

3 ㉠의 앞 문장을 살펴보면 ㉠의 내용을 짐작할 수 있습니다. 곤충은 몸집이 작아서 먹이를 많이 안 먹어도 살 수 있습니다.

4 글쓴이는 곤충의 수가 많은 까닭으로 곤충의 네 가지 특징을 들고 있습니다. 몸집이 작은 것, 대부분 날개로 날 수 있는 것, 탈바꿈하는 것, 알을 많이 낳는 것입니다.

5 ⑵ 날개가 없는 곤충도 있으며 곤충 말고 날개가 있는 대표적인 동물로는 새가 있습니다. 따라서 ⑵는 이 글의 내용으로 알맞지 않습니다.

6 거미는 몸이 두 부분으로 이루어져 있으며 다리의 수도 여덟 개이므로 곤충에 속하지 않습니다. 따라서 거미에 대해 바르게 말한 친구는 ⑵입니다.

☆ 어휘력 팡팡

2 ⑴ '대체로'는 일반적으로라는 뜻으로, '대개'와 비슷한 뜻의 낱말입니다. ⑵ '워낙'은 두드러지게 아주라는 뜻으로, 이와 비슷한 뜻의 낱말은 '매우'입니다.

| 10회 | 45~47쪽 |

1 ① **2** ⑴ ○ ⑵ ○ ⑶ × **3** 미안해 **4** ⑵ ○
5 ⑴ ○ **6** ⑴ 우쭐거리는 마음 ⑵ 놀란 마음

☆ 어휘력 팡팡 **1** 즐거움→슬픔→두려움→
화남

1 이 시에 나오는 '나'라는 낱말에서 말하는 이가 '나'임을 알 수 있습니다.

2 이 시에서 '나'는 친구와 놀다가 개미를 밟았는데, 개미에게 미안하다는 말을 하지 못했다고 했습니다.

3 개미를 밟고 미안하다는 말을 하지 못한 '나'는 개미의 모습이 떠올라 잠을 자지 못했습니다. 이때 '나'는 늦었지만 개미에게 미안하다고 말하고 싶을 것입니다.

4 시 속의 '나'는 실수로 개미를 밟고 미안한 마음이 들었습니다. 이와 같은 경험을 한 친구는 ⑵입니다.

5 ㉠은 어떤 것이 작고 하찮아서 업신여길 때 내는 소리로, 오리 아줌마가 메추리 알을 보고 속으로 한 말입니다.

6 ⑴ 이 시에서는 오리 아줌마가 작은 메추리 알을 보고 뽐냈다, 즉 우쭐거렸다고 했습니다. ⑵ 오리 아줌마가 아주 큰 타조 알을 보았을 때는 '입이 딱 벌어졌다'고 표현했습니다. 이로 미루어 오리 아줌마가 '놀란 마음'이었다는 것을 알 수 있습니다.

☆ 어휘력 팡팡

1 아이의 얼굴 표정을 보고 마음을 짐작해 봅니다. '즐거움→슬픔→두려움→화남'의 낱말을 차례대로 따라가면 길을 찾을 수 있습니다.

1 (1) ○ **2** ④ **3** ㉡ **4** 사막, 에어드롭, 물
5 ① **6** (2) ○

☆ **어휘력 팡팡** **1** (1) 돌기 (2) 농작물 (3) 프로펠러 (4) 특성 **2** (1) 수증기 (2) 모방 (3) 헬리콥터

1 (2) 이 글에서는 사막 딱정벌레의 딱지날개에 오돌토돌 돌기가 돋아 있다고 했습니다. (3) 에어드롭은 공기 속 수증기를 물로 만드는 장치입니다.

2 '사막 딱정벌레'라는 말에 이 곤충이 사는 곳이 드러나 있습니다.

3 ㉡~㉥은 사막 딱정벌레가 사막에서 스스로 물을 만들어 마시는 방법을 설명하는 부분입니다. 이 중에서 가장 중요한 내용을 담고 있는 중심 문장은 ㉡입니다.

4 과학자들은 사막 딱정벌레에게서 아이디어를 얻어 에어드롭을 만들었고, 이 장치에서 얻은 물을 농작물을 키우는 데 활용하고 있습니다.

5 이 글은 '생체 모방 기술'에 대해 설명하고 있습니다. 이 글에서 가장 중요한 내용을 담은 중심 문장은 ㉠입니다.

6 생체 모방 기술은 식물과 동물을 포함한 생물의 특성을 본떠서 새로운 물건을 만드는 것이라고 했습니다.

☆ **어휘력 팡팡**

2 (1) 물을 끓이면 액체인 물이 기체 상태인 '수증기'가 됩니다. (2) 유명한 작가의 그림을 본떠서 그렸으므로, '모방'이 어울립니다. (3) 요란한 소리와 함께 솟아오른 물체이므로, '헬리콥터'가 들어가야 합니다.

1 뢴트겐 **2** (2) ○ **3** ① **4** (2) ○ **5** ㉢
6 (2) ○

☆ **어휘력 팡팡** **1** (1) 촬영 (2) 실험 (3) 공개
2 (1) 지나갔다 (2) 찍었다 (3) 어렴풋하게

1 이 글은 엑스선을 발견한 독일 과학자 '뢴트겐'에 대해 알려 주는 글입니다.

2 (1) 뢴트겐은 검은 종이를 통과한 엑스선에 대해 연구했습니다. (3) 뢴트겐은 새로운 광선에 수학에서 쓰는 엑스라는 이름을 붙였을 뿐입니다.

3 '제외하다'는 한 무리에서 따로 떼어 내거나 빼다라는 뜻이므로, '빼다'와 바꾸어 쓸 수 있습니다.

4 ㉡처럼 아내의 손뼈와 손가락에 낀 반지의 생김새가 그대로 보이는 그림은 (2)입니다.

5 뢴트겐이 한 말은 ㉢입니다. ㉠, ㉡은 뢴트겐이 엑스선을 발견했다는 소식을 들은 사람들이 한 말입니다.

6 (1) 이 글에서 뢴트겐은 엑스선 기술을 이용하는 대가를 받지 않고 세상에 공개했다고 했습니다. (3) 뢴트겐이 한 일이 아니므로 알맞지 않습니다.

☆ **어휘력 팡팡**

2 (1) '통과하다'는 어떤 곳을 거쳐서 지나간다는 뜻이므로, '지나가다'와 바꾸어 쓸 수 있습니다. (2) '촬영하다'는 사진을 찍는다는 뜻이므로, '찍다'와 바꾸어 쓸 수 있습니다. (3) '희미하다'는 분명하지 못하고 흐릿하다는 뜻이므로, '어렴풋하다'와 바꾸어 쓸 수 있습니다.

13회　　57~59쪽

1 ⑤　**2** (2) ○　**3** 수증기, 수증기, 구름

4 (2) ○　**5** (1) ○　**6** 구름, 소나기

⭐어휘력 팡팡　**1** (1) 뭉게구름 (2) 조각구름

2 (1) 올려다보았다 (2) 부풀었다 (3) 발달한다

1 이 글은 '구름이 만들어지는 원리'를 설명한 글입니다.

2 ㉠에는 물체가 공중에 가볍게 떠서 잇따라 움직이는 모양을 뜻하는 '둥실둥실'이 알맞습니다.

3 물이 수증기로 변하면서 공기 속에 섞이고, 이 공기 덩어리는 하늘로 올라가 크게 부풀면서 온도가 낮아집니다. 그러면 수증기가 물방울이나 얼음 알갱이로 변하면서 구름이 만들어집니다.

4 구름은 작은 물방울과 얼음 알갱이가 한데 모여 있는 것이므로, 축축하고 차가운 느낌이 들 것입니다.

5 '군데군데'는 여기저기 또는 여러 곳이라는 뜻이므로, 일정한 곳을 뜻하는 '한곳'과 바꾸어 쓸 수 없습니다.

6 이 글의 중요한 내용은 '전국적으로 구름이 많이 끼고, 남부 지방과 제주도는 오후부터 소나기가 오는 곳이 많다.'는 것입니다.

⭐어휘력 팡팡

2 (1) 아래에서 위를 올려다보는 상황이므로, '올려다보다'가 어울립니다. (2) 입으로 바람을 불어 풍선이 점점 커졌다는 뜻이므로, '부풀다'가 어울립니다. (3) 땅이 고르고 교통이 편리한 곳에 도시가 커진다는 뜻이므로, '발달하다'가 알맞습니다.

14회　　61~63쪽

1 (순서대로) 거인, 정원　**2** ③　**3** (3) ○

4 ④　**5** (1) ○　**6** (2) 신나는 목소리로 크게

⭐어휘력 팡팡　**1** (1) ○ (2) × (3) ○ (4) ×

1 이 글에서 아이들은 매일 학교가 끝나면 거인의 정원에 가서 놀았다고 했습니다.

2 거인이 없는 동안 아이들이 거인의 정원에서 놀고 있었으므로, ③은 이 글의 내용으로 알맞지 않습니다.

3 아이들은 넓고 아름다운 정원에서 놀다가 새들이 부르는 노래에 귀를 기울이는 등 거인의 정원에서 정말 행복했을 것입니다.

4 ㉡은 심술궂은 거인이 자신의 정원에서 놀고 있는 아이들을 보고 화가 치밀어 아이들을 내쫓으며 한 말입니다. 이런 상황에서는 화난 목소리, 호통치는 말투 등이 잘 어울립니다.

5 이 글에서는 아이들이 놀러 오지 않아서 새들이 노래하지 않고 나무도 꽃을 피우지 않았다고 했습니다.

6 ㉠은 겨울이 계속되는 거인의 정원에서 눈의 요정들이 즐거워서 소리친 말이므로, 즐겁거나 신나는 목소리가 어울립니다.

⭐어휘력 팡팡

1 (1)~(4) 중 밑줄 친 낱말의 쓰임이 알맞지 않은 것은 (2), (4)입니다. (2) 우리 팀이 발야구에서 이겼으므로, '울적하다'는 '행복했다' 등으로 바꾸는 것이 알맞습니다. (4) 가족들과 함께 간 숲에 소나무가 있어서 공기가 좋았다는 뜻이므로, '사라져서'는 '있어서' 등으로 바꾸어야 합니다.

15회   65~67쪽

1 ③   **2** ⑶ ○   **3** ⑵ ○   **4** 건우   **5** ⑴ ○

6 ⑶ 보금자리

☆ 어휘력 땅땅   **1** ⑴ 굶주리다(분홍) ⑵ 무사하다(파랑) ⑶ 들추다(주황) ⑷ 수월하다(초록)

2 ⑴ 가축 ⑵ 수월하다 ⑶ 재우지

1 글쓴이는 세 번째 문단에서 낙엽을 들추었는데 곤충이 나오면 도로 잘 덮어 주는 것이 겨울나기를 돕는 방법이라고 했습니다.

2 글쓴이의 생각에 대한 까닭은 첫 문단에 드러나 있습니다. ⑴, ⑵는 이 글에 나타나지 않은 내용입니다.

3 이 글의 내용으로 보아, 야생 동물은 산이나 들에서 저절로 나서 자란 동물임을 알 수 있습니다.

4 이 글에서는 야생 동물이 겨울에 먹이가 부족해서 굶어 죽을 수 있으며, 눈이 많이 내리면 먹잇감을 찾기가 더욱 어렵다고 했습니다. 이와 관련해 올바르게 판단하여 자신의 생각을 말한 친구는 건우입니다.

5 글쓴이는 야생 동물의 먹이인 도토리와 밤을 가져가지 말자고 했습니다.

6 '양식'과 비슷한 뜻의 낱말은 '식량'이나 '먹을거리'입니다.

☆ 어휘력 땅땅

2 ⑴ '야생 동물'의 반대말은 집에서 기르는 짐승을 뜻하는 '가축'입니다. ⑵ '힘들다'는 어렵거나 곤란하다는 뜻으로, 이와 반대되는 뜻의 낱말은 '수월하다'입니다. ⑶ '깨우다'와 반대되는 뜻을 가진 낱말은 '재우다'입니다.

사진 출처

· 8쪽 낙엽(셔터스톡)

· 20쪽 다람쥐, 청설모(셔터스톡)

· 36쪽 사막여우(셔터스톡)

· 38쪽 쌍봉낙타(셔터스톡)

· 50쪽 연잎, 단풍나무 씨앗(셔터스톡)